《经济学动态》编辑部 ◎ 编

经济学动态
学术观点集

大型研讨会2019

新中国70年经济建设成就、经验
与中国经济学创新发展

中国社会科学出版社

图书在版编目（CIP）数据

经济学动态·学术观点集·大型研讨会.2019:新中国70年经济建设成就、经验与中国经济学创新发展/《经济学动态》编辑部编. —北京：中国社会科学出版社，2020.10
ISBN 978 - 7 - 5203 - 7385 - 2

Ⅰ.①经⋯ Ⅱ.①经⋯ Ⅲ.①中国经济—经济建设—文集 Ⅳ.①F124 - 53

中国版本图书馆 CIP 数据核字（2020）第 190993 号

出 版 人	赵剑英
责任编辑	王 曦
责任校对	赵雪姣
责任印制	戴 宽

出　　版	中国社会科学出版社
社　　址	北京鼓楼西大街甲 158 号
邮　　编	100720
网　　址	http://www.csspw.cn
发 行 部	010 - 84083685
门 市 部	010 - 84029450
经　　销	新华书店及其他书店
印刷装订	北京君升印刷有限公司
版　　次	2020 年 10 月第 1 版
印　　次	2020 年 10 月第 1 次印刷
开　　本	710×1000　1/16
印　　张	16.5
插　　页	2
字　　数	223 千字
定　　价	96.00 元

凡购买中国社会科学出版社图书，如有质量问题请与本社营销中心联系调换
电话：010 - 84083683
版权所有　侵权必究

编者说明

《经济学动态·学术观点集》作为一种新的尝试，是"经济学动态·大型研讨会"的会议成果。不同于传统的会议论文合集，这部"观点集"在会议发言的基础上，尽可能地保持专家学者的学术观点和学术思想，力争留下一份宝贵的、"原汁原味"的历史素材。在不影响业内读者理解和不违反语言文字规范的情况下，尽可能地保持了个人的语言习惯及约定俗成的表述，还原现场。为了保证文字记录的准确性，编辑部与发言者逐一核实，尽力避免内容的人为遗漏和曲解。

目　录

在"经济学动态大型研讨会 2019"上的致辞（代前言）…… 黄群慧（1）

* * * * *

阻断"递减曲线"　应对老龄化挑战 ………………… 蔡　昉（5）
新中国 70 年经济学发展的若干特点 ………………… 张卓元（11）
新中国 70 年社会主义政治经济学发展的
　　"历史路标" ……………………………………… 顾海良（20）

新中国 70 年经济建设成就与经验

对我国国防科技工业发展历程的简要回顾 …………… 吕　政（29）
重视对十九届四中全会《决定》关于生产要素
　　内容的研究 ……………………………………… 汪同三（32）
从"计划与市场"到"市场与政府" …………………… 平新乔（36）
准确判断世界形势是中国对外开放走向的基本依据 …… 裴长洪（44）
中国居民收入差别变动与分配激励体制改革 …………… 陈宗胜（52）
关于我国现阶段基本经济制度属性的再认识 …………… 蔡继明（58）
浅谈新中国成立 70 年来就业和收入分配的成就 ……… 张车伟（62）

新中国 70 年经济学创新与发展

经济学的范式演进和世界经济新格局 ………………… 金　碚（69）
市场化的公有制经济是超越资本主义的现代市场经济的
　　新类型 …………………………………………… 林　岗（74）
正本清源:关于"消灭私有制"的理论辨析 ……………… 贾　康（81）

以空间经济学支撑中国特色主流经济学 …………… 杨开忠(85)
新中国70年政治经济学的变化 ………………… 杨春学(90)
新一轮国际产业转移与中国制造业发展的新挑战 …… 刘友金(93)

从计划到市场:70年经济体制转型

推动经济高质量发展　必须毫不动摇地坚持社会主义
　　基本经济制度 ………………………………… 唐未兵(99)
国有企业改革的政治经济学分析 ………………… 张晖明(104)
脱贫攻坚和乡村振兴有效衔接必须注重市场
　　作用的发挥 …………………………………… 蒋永穆(109)
以金融开放破解金融发展和金融改革难题 ……… 齐　兰(114)
新中国70年经济增长思想演变:回顾与展望 ……… 程　霖(119)
新中国70年视角下的计划与市场:一种重新评估 …… 胡怀国(123)
中国地方政府的非正式权力 ……………………… 李石强(128)
新中国经济站起来、富起来到高质量发展的
　　历史逻辑 ……………………………………… 赵学军(132)
抓住机遇,创造有活力的开放经济新体系 ………… 佟家栋(136)
为什么现阶段重提消灭私有制是错误的
　　——基于马克思主义理论史和社会主义实践
　　经验的分析 …………………………………… 沈　越(141)
我国现阶段的发展利益:凸显、意义与实现 ………… 丁为民(146)
坚持和完善中国特色社会主义制度 ……………… 李　政(151)
普惠金融精准扶贫、精准脱贫的理论与政策 ……… 陈银娥(154)
计划与市场:谁是配置资源机制的最佳选择 ……… 郭冠清(159)
劳动力质量与民企劳动生产率:马克思经济学
　　视角下的研究 ………………………………… 王艺明(164)

从非平衡到平衡:70年经济发展战略转型

从非平衡到平衡需要更好发挥政府作用 ………… 赖德胜(171)

新结构经济学视角下的产业升级与结构转型 …………王 勇(175)
"从非平衡到平衡发展":全球公共经济学视角 ………张克中(179)
高质量发展模式与治理 ……………………………袁富华(184)
重视人口数量与质量的联系,维持我国人口政策的
　　动态平衡 ………………………………………秦雪征(189)
平衡与不平衡的逻辑内涵及相互转化的驱动机制 ……倪国华(192)
新中国70年经济周期的理论与实践………………陈乐一(198)
中国区域协调发展问题探索 ………………………李兰冰(203)
公共服务网络化与财政转型的压力 ………………范建鏋(207)

青年学者论坛

菲利普斯曲线平坦化 ………………………………汤铎铎(215)
新中国70年地方政府债务:历程、经验与治理…………张庆君(220)
行政区划调整与经济发展质量 ……………………詹新宇(225)
新中国成立70年中国经济高质量发展的
　　推动力演变 ……………………………………王桂军(229)
中国高财富人群的财富分布与慈善捐赠 …………祁　磊(233)
中国的经济转轨与经济赶超 ………………………武　鹏(237)
社会主义市场经济机制探索:1949—2019 …………王媛玉(242)
中国开放型经济70年回顾与展望 …………………刘洪愧(247)
"智能替代"对企业用工的影响 ……………………周灵灵(252)

在"经济学动态大型研讨会 2019"上的致辞

（代前言）

黄群慧

尊敬的各位前辈、各位学者、各位嘉宾、各位媒体朋友、各位同仁，大家上午好！

首先请允许我代表中国社会科学院经济研究所对大家光临"经济学动态大型研讨会 2019"表示热烈欢迎！对大家一直以来对经济研究所、《经济学动态》的大力支持和帮助表示衷心感谢！

《经济学动态》创刊于 1960 年，由老一辈著名经济学家孙冶方先生倡办，许涤新先生题写刊名，孙尚清先生为首任主编。自创刊以来，《经济学动态》始终坚持以服务党和国家重大战略、繁荣哲学社会科学为办刊宗旨，坚持以研究传播马克思主义的经济理论、及时反映国内外经济理论动态为基本定位，坚持以立足于我国经济改革发展实践、研究解释当代社会主义经济发展规律为选稿重点，发表了一系列有影响的学术论文，为我国经济学的发展做出了巨大贡献。进入新时代，《经济学动态》以习近平新时代中国特色社会主义思想为指导，积极推进学术界对中国特色社会主义政治经济学进行深入研究，成为中国特色社会主义政治经济学研究的重要平台，《经济学动态》在全国政治经济学类核心期刊中名列前茅，2016 年被中宣部遴选为重点支持建设的马克思主义政治经济学专业类期刊，2018 年被《中国人文社会科学期刊 AMI 综合评价报告（2018 年）》评为权威期刊。

经济研究所在 2017 年庆祝《经济学动态》复刊 40 周年之际开创"经济学动态大型研讨会"，迄今为止已经连续举办三届。每次

"经济学动态大型研讨会"都会选择一些重大的主题进行研讨。今年是新中国成立70周年,本次研讨会以"新中国70年经济建设成就、经验与中国经济学创新发展"为主题,旨在回顾70年来中国经济建设取得的辉煌成就,总结中国经济成功的基本经验,探讨中国经济学的发展规律,从理论和实践两方面视角研究新中国70年经济发展问题。

回顾70年,中国特色社会主义经济现代化道路巨大成功,直观表现在一系列"亮丽"的经济社会发展统计数据,数据背后是新中国这个古老国度发生的历史性巨变。从发展经济学看,我们可以把经济发展过程理解为一个工业化进程,经过新中国70年工业化进程,中国工业化水平实现了从工业化初期到工业化后期的历史性飞跃,中国的基本经济国情实现了从落后农业大国向世界工业大国的历史性转变。这两大巨变表明中国已经在实现中华民族伟大复兴的"中国梦"征程上迈出了决定性的步伐。正如习近平总书记所指出的:近代以来久经磨难的中华民族迎来了从站起来、富起来到强起来的伟大飞跃,迎来了实现中华民族伟大复兴的光明前景。

新中国成功开启并快速推进的社会主义经济现代化进程,具有伟大的世界意义。新中国经济发展解决了8.5亿人口脱贫问题,这无疑对整个人类社会持续发展贡献巨大;中国坚持和平发展道路,奉行互利共赢的开放战略,伴随着"一带一路"倡议的推进和同世界各国人民一道推动共建人类命运共同体,中国这个人均占有资源稀少的和平崛起的大国,其现代化进程正在产生更大的全球"外溢"正效应,"中国故事""中国方案"和"中国智慧"对世界现代化进程意义巨大;从经济学发展看,新中国在国家主权完整和坚持中国共产党领导的前提下,有效推进了社会主义与市场经济的有机结合,建立了社会主义市场经济体制,成功解决了计划经济体制下社会主义工业化模式所遗留的问题,纠正了苏联不曾解决的重工业优先发展战略造成的经济结构失衡弊端,这不仅对世界社会主义经济建设理论和实践做出重大贡献,而且也对当今世界主流经济学中的经济理论创新发展具有重大意义。

回顾70年经济建设辉煌成就，不只是要感受我们祖国的伟大、感受党带领全国人民奋斗的艰苦卓绝，更重要的是通过追溯中国经济成长的基本轨迹，总结中国经济成功的基本经验，探索中国经济发展的基本规律，进一步促进中国经济学发展，为中国实现"两个一百年"目标贡献理论力量。我认为，概括而言，坚持实事求是，将马克思主义理论与中国实践相结合，客观把握中国经济发展阶段性特征，推动经济发展主要矛盾解决和转换，积极探索并不断完善公有制为主体、多种所有制经济共同发展，按劳分配为主体、多种分配方式并存，坚持社会主义市场经济体制等社会主义基本经济制度，这是我国经济发展的基本经验。具体而言，从新中国经济现代化进程中至少还可以归结出四个方面的宝贵经验。一是努力构建稳定的社会政治环境，处理好经济改革、发展与稳定的关系，坚持"经济建设为中心"的指导思想，以"稳中求进"为经济改革发展工作的总基调，在保证经济运行的稳定性基础上，不断深化经济体制改革和促进经济转型升级，促进中国经济持续成长；二是有效利用资源基础条件，在新中国"人口数量多、经济底子薄、区域差异大"基本国情基础上，"因时制宜""因地制宜"优化经济增长要素配置，提出并成功实施了与发展阶段相适应的经济发展战略，成功创造出许多区域性的经济发展模式；三是正确处理政府和市场关系，强调发挥市场在资源配置中的决定性作用，同时也强调更好发挥政府作用，不断推进对外开放与深化改革，为中国经济发展培育持续的发展动力；四是全面平衡社会经济可持续发展，推动新型工业化、信息化、城镇化、农业现代化同步发展，促进经济增长与收入分配、社会公平、民生事业、生态环境、区域发展等方面的平衡协调。

潮平两岸阔，风正一帆悬。今天我们正处在中国特色社会主义建设的新时代，这个伟大的新时代是一个需要理论而且一定能够产生理论的时代。促进中国经济理论创新与发展是中国经济学者义不容辞的责任。新中国70年的实践经验告诉我们，中国的经济既不同于传统社会主义计划经济，也不同于西方自由市场经济；无论是传统的社会主义经济理论，还是西方经济理论都不能完全解释中国经济的成功。解释和指导中国经济发展就只能创新发展中国自己的经济学。中国经济学理论的创新与发展，一定是扎根于中国的经济建设实践的系统总结，一定是对贯穿"站起来、富起来到强起来"三个时代内在规律的科学阐释，一定是对当代中国实践、传统优秀基因和外来先进知识兼容并包的统一体。在这个时代背景下，经济所、《经济学动态》愿与学界同仁一起以习近平新时代中国特色社会主义思想为指导，共同努力推进中国经济理论更大的创新与发展，为构建中国特色社会主义政治经济学、实现"两个一百年"贡献自己的力量。

（作者单位：中国社会科学院经济研究所）

阻断"递减曲线" 应对老龄化挑战

蔡 昉

大家上午好！最近，美联储前主席格林斯潘在一次对话中提到因老龄化而投资不足是一个全球现象，意味着经济学应该把重点更多地转向研究老龄化趋势。而且，中国的老龄化有特殊的严峻性。因此，我想从经济学角度谈一下老龄化有何特点，以及如何应对。

一、创新养老理念和实践。党的十九大报告和十九届四中全会公报都要求积极应对人口老龄化。"积极应对"是个关键词，是创新养老理念的一个重要的指引。老龄化过去都被说成是发达国家特有的问题。实际上，从长期看，比如到 21 世纪末，不仅发达国家面临长期的老龄化趋势，老龄化程度越来越高，发展中国家也在老龄化的水平上迅速赶超。按联合国分类的最不发达国家也终将走向老龄化。老龄化是不同发展阶段的国家都会面临的长期趋势，同时是一个不可逆的过程，到目前为止还不知道老龄化在什么时候会到顶点。中国的特殊之处在于"未富先老"。过去以为富了以后必然会老龄化，但是如今发现，没富的时候也可以老龄化。把中国的人口年龄结构和其他发展中国家的平均年龄结构做对比，发现发展中国家还处于底座很大、顶部越来越尖的传统金字塔结构。而中国呈现橄榄形状态。相比而言，我国人口结构现状即老龄化程度更接近于发达国家，而我国的经济发展还没有达到发达国家的水平，这就是我们的特殊国情。特殊的国情带来了未富先老的特性，这些特性应该在经济学研究中特别注意，也需要在实践中予以解决。创新应对老龄化的理念，主要就是着眼于中央提出的"积极应对"。在具体研究中，消极的态度就是仅仅把老龄人口看作一个负担。15—59岁叫作劳动年龄人口，在这之外的人口，往往被称作依赖型人口。其实依赖型人口是一个传统概念，目前越来越多的研究把16岁及以上的年龄人口都叫作劳动年龄人口，上不封顶。这在经济学上是具有积极意义的。应该把老年人看作经济增长的源泉，即劳动力和人力资本的载体、创新创意的源泉。在创新实践中，应该着眼于挖掘这个群体的潜力，同时着眼于创造一个更好的外部环境，以提高老年人口的劳动参与率，发挥他们的人力资源优势。具体来说，随着人口老龄化程度加深，从经济学角度，特别是分别从供给侧和需求侧，都可以看到三个与人口老龄化相关的带有一定规律性的特点。即随着人口年龄的提高，劳动参与率递减、人力资本递减、消费能力递减。这三个递减趋势可以用三条"递减曲线"来描述。这一趋势在许多国家都可以看到，同时中国又有与"未富先老"有关的特殊挑战。

二、劳动参与率递减。按照新的理念，把16岁及以上且上不封顶的人口全部看作劳动年龄人口，在此基础上，经济活动人口占劳动年龄人口的比例即平均劳动参与率，全国为50%—60%。但是，不同年龄段之间存在非常明显的差距。在20岁以后，劳动参与率才超过平均劳动参与率，而在55岁之后则再次降到平均劳动参与率之下，劳动参与率最高的年龄分组大概是在30岁到40岁。也就是说，到了40岁最高点之后，随着年龄的增长，劳动参与率呈下降趋势。这是用一个时点上的横截面数据看劳动参与率与年龄的关系。另外，从时间序列数据来看，随着老龄化程度的提高，预测的16岁及以上劳动年龄人口劳动参与率逐年递减，而且是长期持续性的。如果看15岁到59岁的劳动年龄人口，虽然劳动参与率有所提高，但这部分人口的绝对数量从2011年开始一直在减少。由于绝对数量在下降，即使劳动参与率提高也不足以弥补劳动年龄人口总量的下降。因此，实际的劳动力供给即经济活动人口还是在减少，这是一个必然的趋势。劳动参与率逐渐下降也就意味着劳动力供给减少。如何缓解这一趋势？需要提高劳动参与率。提高劳动参与率有各种办法，这里我想讲的是如何提高传统退休年龄之上人口的劳动参与率。人口老龄化的一个原因固然是老年人口增加了，在总人口中的占比提高了，然而还有一个原因就是预期寿命提高了。随着预期寿命延长，健康寿命也自然相应延长。因此，要充分利用老年人口的人力资源。有人认为，在一个老龄化社会，社会的创造性会下降，而没有创新能力就没有发展的光明前景。我觉得这种说法是错误的：政治上不正确，经验上也找不到依据。不能因为要论证生育政策改革的必要性，就寻找各种不符合客观事实的论据。有各种各样的事例都可以证实，从个体上看，年龄提高了创造力绝不降低，例如，诺贝尔奖的获奖年龄多年来一直是提高的；从社会层面看，老龄化也不意味着整体创造力下降。

三、人力资本递减。用人均受教育年限来衡量人力资本，在一个时点的截面上可以看到，随着年龄的增长，平均受教育年限是下降的。大体上是在 20 岁到 30 多岁的这个年龄段上，人口的受教育程度达到最高，也就是高中、大学本专科、研究生的比例最高。在随后的年龄段，这些较高教育阶段的比例便逐渐下降，而初中及以下受教育程度的比重明显提高。到了 50 岁以后，人口的小学受教育程度占比越来越高，而受过高中及以上教育的明显减少。如果和发达国家做比较，就可以看到中国"未富先老"的特点。第一，我国在人口受教育年限最高的年龄段上，教育水平显著低于美国和日本这样的发达国家。第二，在美国和日本，20 多岁人口的受教育年限与 60 多岁的受教育年限基本没有什么差异，因为这些国家教育水平的提高有足够长的历史，以至每一个人口队列和每一代人之间，都有大体相同的受教育程度。而中国从最高点开始，年龄每提高一岁，人口的受教育程度就会相应降低，到 60 多岁的时候，人力资本禀赋就非常低了。这是非常现实的制约。我国早就提出渐进式地延迟退休年龄，但在实施上存在难点。难就难在，即使劳动力短缺，临近退休年龄的劳动者，因其受教育很低而不能保持应有的劳动参与率。这应该算是一个历史遗产，解决问题需要政府的帮助。

四、收入水平和消费力递减。收入和消费能力随着年龄提高而递减，是另一个经常被观察到的现象。发达国家的经济学家提出了"退休消费之谜"。在发达国家，一般假设随着年龄增长，消费能力提高。因为劳动者工资提高的相当一部分因素是年资序列或者说本人的工作年限。随着年龄增长还会有财富积累，可以转变成收入流。这些因素一般使发达国家年龄大的人收入也高，但是，人们发现消费随着年龄增长，反而有递减的趋势，也就是所谓的"退休消费之谜"。在中国，这谈不上是一个谜，因为年龄越大，人力资本并不高，其实际收入也未必高，而且有很多人缺少终身的财富积累。如果只看劳动收入而不看财富，我们可以发现，中国人口的劳动收入只在 20 岁到 60 岁之间才是正值，在其他年龄段基本上是零。同时，劳动收入的高峰时期较短，20 岁以后，收入水平才超过消费水平，而 50 岁之后，收入水平再次降到消费水平之下。因此，收入最高的阶段只是 20 岁到 50 岁，也恰恰在这个时段人们才有能力进行储蓄。因此，到了 50 岁以后的年龄阶段上，并不是老年人只储蓄而不消费，而是因为他们没有足够的消费能力。可见，在这个递减曲线上，既可以看到各国的共同性，也显示出中国的特殊性。同时，我们还可以看到，不同群体也各自具有与年龄相关的消费特点。例如，老年家庭在医疗保健、食品相关上的消费比年轻家庭多一些。但是在与就业相关和人力资本培养相关的消费方面，则明显低于年轻家庭。与就业和教育相关的消费，将是未来的重要消费领域。如果把老年人更多地看作是供开发的人力资源的话，他们在消费方面将做出更大的贡献。

五、如何阻断"递减曲线"。以上考察的三条"递减曲线"，其实只是似是而非的规律现象，未必具有不可避免性，完全可以通过政策调整予以改变和应对。第一，着眼于提高劳动参与率。提高实际退休年龄，要让更多老年人就业，这是一个不可回避的方向。我们可以假设当前（2020 年）55 岁退休可以达到的赡养比 0.46% 是可持续的，到 2030 年，要维持同样的赡养比，就必须做到 60 岁退休。在那个基础上再过20年，即到2050年，要维持大体相当的赡养比，就需要做到65岁退休。其他国家特别是OECD国家的经验和做法，也证明这是一个必然的趋势。值得指出的是，不要围绕法定退休年龄做文章，而要着眼于提高实际退休年龄，真正提高就业能力和劳动参与率，才可能是有效的，并为广大劳动者所接受。第二，对人口进行全生命周期的人力资本培养。未来劳动力市场需要的是受教育程度更高、技能更强也更容易转换的劳动力。现在的劳动者人力资本禀赋尚不足以符合这个要求。以农民工为例，农民工受教育程度也是随着年龄提高而下降。目前他们的平均人力资本，与当前的第二、第三产业中的劳动密集型岗位是适应的。未来，在技术进步的条件下，特别是机器人大量应用之后，我们需要什么样的人力资本，还不十分清楚。但是，按照现在的第二产业资本密集型、第三产业技术密集型岗位做参照，在目前农民工中受教育程度最高的年龄段里，其人力资本都不足以满足未来岗位的要求。因此，必须有一个包括人口全生命周期的教育和培训战略，才能应对未来的科技革命挑战，才能实际提高劳动参与率。根据教育经济学理论和实证结论，越是在较早教育阶段上，教育投入的社会回报率也最高。而越是社会回报率高的教育阶段，越应该政府来买单。或者说，传统说法是，教育的社会回报率，按照学前教育、义务教育、高中学校教育、高等教育和职业培训的顺序依次降低。固然，我一直在呼吁，如果资源允许的话，首先应该把学前教育纳入义务教育范畴。原因在于它既是社会回报率最高的，又具有阻断贫困代际传递的功能，同时还有利于提高生育意愿。然而，目前年龄偏大劳动者人力资本不足的现状，是当年教育发展不足的产物，是历史的遗产，对这个群体的培训，政府买单也是义不容辞的。第三，通过制度安排延长人口预期健康寿命。预期寿命的提高并不意味着预期健康寿命可以获得同比例提高。劳动参与率能不能得到提高取决于健康寿命。平均预期健康寿命越长，个体和社会的创造力越高。日本是世界上老龄化程度最高的国家之一，该国政府从提高劳动参与率出发，

2019年制定出台了一个国家战略，其中提出明确且具体的目标——把预期健康寿命延长3年。类似这样的政策，也应该纳入我国积极应对人口老龄化战略和政策体系之中。第四，加大再分配力度和提高社会保障的普惠性。在人口老龄化的情况下，我国经济进入高质量发展阶段。通过劳动力的产业转移，以资源重新配置效率支撑劳动生产率提高的空间已经缩小了，提高生产率越来越需要靠创造性破坏。就是说，提高生产率要求不再把所有的劳动力留在原来岗位上，因为那些无效率、过时的岗位与低效率、过剩的产能是相伴而生的。这意味着，创造性破坏为劳动者带来不确定性即风险。这种风险再加上老龄化，则是更大的风险。创造性破坏不意味着不要保护劳动者的载体——人，因此，更普惠的社会保障才能在社会层面上对人予以保护。在OECD国家，公共支出占GDP的比重与劳动生产率在统计上存在正相关关系。也就是说，社会保护越充分，创造性破坏机制越充分发挥作用，劳动生产率越能够得到提高。

（作者单位：中国社会科学院）

新中国 70 年经济学发展的若干特点

张卓元

1949 年新中国成立特别是 1978 年改革开放以来，伴随着经济的飞速增长和社会的日新月异进步，经济学研究也呈现空前繁荣景象，大量创新研究成果交替推出，在国际上影响力也与日俱增，一批又一批经济学家脱颖而出，活跃在日益增多的研究院所、大专院校、各类智库和咨询机构中，为国家的社会主义现代化建设、为经济科学的繁荣发展贡献自己的智慧和才能。综观中国经济学 70 年的发展，我认为至少呈现以下几个特点。

第一，社会主义经济建设理论研究、道路选择和重大决策必须建立在正确掌握基本国情的基础上。中国新民主主义革命胜利和中华人民共和国成立，是靠马克思主义和中国具体实践相结合取得的。中国社会主义建设也要靠马克思主义和中国国情相结合，才能顺利前进。中国 70 年社会主义建设的实践证明，对中国基本国情的准确掌握，至关重要。经过近三十年艰辛探索找到的中国特色社会主义道路，是唯一正确的选择。而中国特色社会主义正是根据中国处于而且将长期处于社会主义初级阶段这一最基本的国情确立的。新中国成立头三十年探索和寻找适应中国国情的社会主义建设道路的过程中，我国经济建设也取得不小进展，比如新中国成立初期仅用三年时间就医治了多年战乱造成的巨大创伤，与此同时，没收官僚资本，发展国营经济。1952 年，我国财政经济状况根本好转，财政收支实现平衡；工业总产值比 1949 年增长 144.9%，主要工业品产量均已超过新中国成立前最高水平；农业总产值比 1949 年增长 48.5%，粮食、棉花、糖料等产量和大牲畜、猪的年底头数均超过新中国成立前最高水平。① 第一个五年计划（1953—1957）也相当成功，1957年，工业总产值达783.9亿元，比1952年增长128.3%，年均增长18%；农业总产值1957年比1952年增长24.8%，年均增长4.5%。② 1953—1978年，我国建立起社会主义工业化初步基础，按照国家统计局的数据，GDP年均增速达6.1%，高于世界平均水平（另根据美国经济史专家麦迪森的统计，1953—1978年，中国GDP年均实际增速为4.4%，而世界平均增长率为4.6%）。但是，由于对基本国情掌握不够好，不少举措往往超越阶段，结果欲速则不达，造成大起大落和重大损失。比如1958年GDP增长率高达21.3%，而1961年、1962年GDP连续三两年负增长，其中1961年竟下降27.3%，1962年下降5.6%。"文化大革命"期间，1967年、1968年、1976年GDP也是负增长，分别是-5.7%、-4.1%和-1.6%。③ 对于"大跃进"带来的灾难性后果，当对许多知名经济学家如薛暮桥、孙冶方、于光远、杨坚白、卓炯、沈志远等，都曾不同程度地从理论上总结其惨痛教训。

还有，20世纪50年代对个体农业手工业和私营资本主义工商业的社会主义改造也存在超越阶段问题。我国经济总量2018年比1952年增长了174倍，生产力发展水平有了这么大幅度的提高，但是现在和今后一段长时间内仍需鼓励、支持和引导民营经济发展，说明当年的改造超越了阶段。所以，如何合乎逻辑地评价20世纪50年代社会主义改造运动，是值得经济学界认真研究的课题。

与此不同，1978年年底党的十一届三中全会以后，党的一系列改革开放的重大决策都是从确认中国仍然处于并将长期处于社会主义初级阶段这一基本国情出发作出的。正如邓小平1980年4月说

---

① 苏星：《新中国经济史》，中共中央党校出版社2007年版，第137、139页。
② 苏星：《新中国经济史》，第163—164页。
③ 《辉煌70年》编写组编：《辉煌70年——新中国经济社会发展成就1949—2019》，中国统计出版社2019年版，第369页。

的,"要充分研究如何搞社会主义建设的问题。现在我们正在总结建国三十年的经验。总起来说,第一,不要离开现实和超越阶段采取一些'左'的办法,这样是搞不成社会主义的。我们过去就是吃'左'的亏。第二,不管你搞什么,一定要有利于发展生产力。"①1981年6月党的十一届六中全会第一次明确指出:"我们的社会主义制度还是处于初级的阶段。"② 经济学界对这方面研究也有贡献。1979年,苏绍智、冯兰瑞率先发表文章,坦言中国并未真正建成社会主义,中国"还处在不发达阶段的社会主义,还处在社会主义的过渡时期。"③ 于光远也曾回忆说,"1981年我在参与起草《中共中央关于建国以来党的若干历史问题的决议》的过程中,主张要将我国仍处在'社会主义初级阶段'的判断写入文件,以便更深刻地认识走过的弯路。当时有的同志不同意这样做,还发生了争论。但最后,'社会主义初级阶段'的概念还是写进了文件。"④

正是由于大家认识到我国社会主义处于初级阶段,首先,改革开放后采取允许个体私营经济存在和发展的政策,解决了几千万甚至几亿人的就业问题,大大解放和发展了社会生产力。1997年党的十五大进一步确立公有制为主体、多种所有制经济共同发展的基本经济制度,肯定个体私营经济是社会主义市场经济的重要组成部分。截至2018年年底,我国私营企业数量3143.26万家,注册资本233.5万亿元;个体工商户7328.58万户,注册资金6.47万亿元。民营经济贡献了50%以上的税收,60%以上的国内生产总值和固定资产投资,70%以上的技术创新成果,80%以上的城镇劳动就业,90%以上的企业数量。⑤ 2018年,当有人提出所谓"民营经济离场论""新公私合营论"时,中央领导同志及时进行批驳,明确指出,"在全面

---

① 《邓小平文选》第2卷,人民出版社1994年版,第312页。
② 《三中全会以来重要文献选编》(下),中央文献出版社2011年版,第165—166页。
③ 苏绍智、冯兰瑞:《无产阶级取得政权后的社会主义发展阶段问题》,《经济研究》1979年第5期。
④ 于光远:《背景与论题:对改革开放初期若干经济理论问题讨论的回顾》,《经济科学》2008年第6期。
⑤ 《经济参考报》2019年9月3日。

建成小康社会、进而全面建设社会主义现代化国家的新征程中，我国民营经济只能壮大、不能弱化，不仅不能'离场'，而且要走向更加广阔的舞台"①。其实，随着人民日益增长的对美好生活的需求，生产的个性化、多样化范围的不断扩大，社会化大生产并不是我们过去想象的那样不断发展和持续地排挤小生产，规模经济效益将日渐缩减，我们到现在还看不到个体私营经济消除的前景。

第二，研究和确立中期发展目标还必须切合阶段性特征。社会主义建设需要几代人甚至十几代、几十代人的努力。中国是世界上人口最多的大国，研究和确立中期发展目标时首先要从社会主义处于初级阶段的基本国情出发，同时还要切合阶段性特征。党中央决定新世纪头二十年全面建设小康社会就是一个非常突出的范例。

大家知道，我国改革开放后，经过二十多年的经济高速增长，到20世纪末人民生活总体上达到小康水平。2002年在起草党的十六大报告时，对于新世纪头二十年的发展目标如何确定，曾有不同的设想，有的地方和有的同志曾提出把加快实现现代化作为目标，而多数同志则认为，我们当时已经达到的小康，还是低水平的小康、不全面的小康、发展很不平衡的小康。东部沿海城市、大城市与山区、农村之间，发展水平有相当大的差距。据统计，到2000年年底，在全国除市辖区以外的2000多个县级单位中，未达温饱线的占22.8%，居温饱线和小康线之间的占63.2%，居小康线和比较富裕线之间的占13.7%，达到比较富裕线的只占0.3%。② 根据上述阶段性特征，我国那时还没有达到可以全面开启建设现代化经济体系的条件。党的十六大报告明确提出，"我们要在本世纪头二十年，集中力量，全面建设惠及十几亿人口的更高水平的小康社会，使经济更加发展、民主更加健全、科教更加进步、文化更加繁荣、社会更加和谐、

---

① 习近平：《在民营企业座谈会上的讲话》（2018年11月1日），人民出版社2018年版，第7页。

② 见《党的十六大报告学习辅导百问》，党建读物出版社、人民出版社2002年版，第81页。

人民生活更加殷实。这是实现现代化建设第三步战略目标必经的承上启下的发展阶段,也是完善社会主义市场经济体制和扩大对外开放的关键阶段。经过这个阶段的建设,再继续奋斗几十年,到本世纪中叶基本实现现代化,把我国建成富强民主文明的社会主义国家。"[①] 全面建设小康社会,符合中国国情和社会主义初级阶段的阶段性特征,有利于动员全国各族人民为中华民族的发展壮大贡献力量。

新世纪以来直到2018年年底的实践证明,新世纪初全面建设小康社会的决策是多么的英明。2000年,中国的人均GNI(国民总收入)接近1000美元,2001年突破1000美元,而到2018年,则跃升至9732美元。一般估计,到2019年和2020年,肯定突破万美元,但还达不到进入高收入国家行列。改革开放40年来,我国贫困人口累计减少7.4亿人,贫困发生率下降94.4个百分点。到2020年全面建成小康社会时,我国将实现全部贫困人口脱贫。2002年,当时估计到2020年经济建设的最重要的成就是人均国内生产总值达到和超过3000美元,并认为这是全面建成小康社会的根本性标志。[②] 实际执行结果是大大超过了当时的设想,这也从一个方面显示中国改革开放后呈现的令世人瞩目的"增长奇迹"。可见,全面建设小康社会理论,是实事求是的典范,具有鲜明的中国特色,是中国特色社会主义理论体系的重要组成部分。

第三,改革发展任务带动学科建设和发展。新中国经济学的大繁荣是由社会主义建设特别是改革开放发展的伟大任务带出来的。社会主义建设是问题导向,经济学发展则是任务导向,为解决时代提出的任务而进行探索,寻找客观内在的规律性。

新中国成立初期,各方面一直在探索走中国自己的社会主义建设道路,也有不少研究成果。改革开放初期,改革传统的计划经济体制,我们是摸着石头过河,引入市场机制搞活经济,但是没有设

[①] 《十六大以来重要文献选编》(上),中央文献出版社2005年版,第14—15页。
[②] 见《党的十六大报告学习辅导百问》,党建读物出版社、人民出版社2002年版,第83页。

定具体目标。所以在1992年确立社会主义市场经济体制改革目标前，各方面特别是经济学界对计划与市场关系、社会主义经济是否具有商品经济属性、社会主义能不能搞市场经济等问题，展开了热烈的讨论，争论是蛮激烈的，有时还上纲上线。由于市场取向改革成效显著，经济快速增长，市场日益繁荣，人民生活迅速改善，加上党中央和邓小平的积极倡导和大力支持，经过十几年的努力探索，1992年，党的十四大确立社会主义市场经济体制的改革目标，并得到社会各界包括经济学界的认同和拥护，从而确立了社会主义市场经济论。这一重大理论创新开拓了中国特色社会主义经济理论的视野。紧接着，随着民营经济改革开放后特别是1992年后的迅猛发展，1997年，党的十五大报告确立了公有制为主体、多种所有制经济共同发展的基本经济制度，2002年党的十六大报告又进一步提出两个毫不动摇（毫不动摇地巩固和发展公有制经济，毫不动摇地鼓励、支持和引导非公有制经济发展），从而确立了比较完备的社会主义基本经济制度理论。

社会主义市场经济理论随着市场化改革的不断深化而日益丰富和发展，其中最突出的是2013年提出了市场在资源配置中起决定性作用，取代此前沿用了21年的基础性作用，使社会主义市场经济理论和实践更加完善。另一个是提出市场经济的法治化。1997年党的十五大报告提出依法治国方略后，一些经济学家就提出建立法治市场经济的构想。① 2014年党的十八届四中全会进一步作出《中共中央关于全面推进依法治国若干重大问题的决定》，社会主义市场经济是法治经济已成为理论界共识。2018年以来，随着对外开放的扩大，又进一步探索出中国特色社会主义经济国际化，从而使市场化、法治化、国际化三化并立。

任务带学科的另一突出事例是随着我国经济腾飞和社会全面进步，除了理论经济学包括中国特色社会主义政治经济学成为经济学

---

① 见吴敬琏《呼唤法治的市场经济》，生活·读书·新知三联书店2007年版。

研究的大热门外，各种应用性强的部门经济学、专业经济学像雨后春笋般涌现出来，成为新的研究热门。我们中国社科院从一个经济研究所发展为六个经济学领域研究所，一些财经大学从几个学院变为二三十个研究院，这些，都是在社会巨大需求的推动下得到发展的。

第四，与时俱进，不断丰富和发展中国特色社会主义经济理论。新中国经济学的精髓是中国特色社会主义经济理论，这一理论是与时俱进、随着中国改革开放和发展的实践而不断丰富和发展的。

这方面最突出的当数我们对于发展问题的认识是不断深化的。经济发展是经济学研究的永恒主题，随着社会主义现代化建设的不断推进，研究经济发展问题的论著越来越多，占比越来越高。发展问题从最高层次说起，1992 年，邓小平提出著名的发展是硬道理的重大战略思想。接着以江泽民为核心的党中央提出了必须把发展作为党执政兴国的第一要务，不断开创现代化建设的新局面。新世纪初，鉴于我国长时期粗放式发展，付出的资源环境代价过大，资源和环境对经济增长的"瓶颈"制约越来越突出，以胡锦涛为总书记的党中央于 2003 年提出了坚持以人为本，树立全面、协调、可持续的科学发展观。相应地提出要求转变经济增长和发展方式，建立资源节约型和环境友好型社会，促进经济增长由主要依靠投资、出口拉动向依靠消费、投资、出口协调拉动转变，由主要依靠第二产业带动向依靠第一、第二、第三产业协同带动转变，由主要依靠增加物质资源消耗向主要依靠科技进步、劳动者素质提高、管理创新转变，强调转向创新驱动发展。

2008 年国际金融危机爆发后，中国出口迅速增长势头受阻，转方式调结构任务更显突出。2012 年党的十八大以后，中国经济逐步进入新常态，新常态有三个特点：一是从高速增长转为中高速增长。二是经济结构不断优化升级，第三产业、消费需求逐步成为主体，城乡区域差距逐步缩小，居民收入占比上升，发展成果惠及更广大民众。三是从要素驱动、投资驱动转向创新驱动。2013 年以来的实践，印证了上述判断。2015 年中央关于制订"十三五"规划建议提出,必须牢固树立创新、协调、绿色、开放、共享的发展理念。新发展理念是我们对于发展理论的最新研究成果,是我国发展理论的又一次重大创新。坚持创新发展、协调发展、绿色发展、开放发展、共享发展,对我国发展全局具有重要现实意义和深远的历史意义,是我国全面建成小康社会、建设现代化经济体系的指路明灯。

最近,党的十九届四中全会《决定》在经济理论上又有创新,一是把按劳分配为主体、多种分配方式并存,和社会主义市场经济体制上升为基本经济制度;二是把土地、知识、数据单独列出,作为生产要素按贡献参与分配。

第五,适时提出构建中国特色社会主义政治经济学的任务。中国改革开放已逾四十年,改革开放不仅使中国社会经济面貌发生翻天覆地的变化,而且积累了极其丰富的新鲜经验,从多方面突破了传统的观念和理论,党和国家领导人以及经济学家提炼出许多创新性的理念、思想和规律性成果。2015年11月25日,习近平总书记在中共中央政治局第二十八次集体学习时强调,立足我国国情和我国发展实践,发展当代中国马克思主义政治经济学。2016年7月8日,习近平总书记在主持召开经济形势专家座谈会时,又指出,坚持和发展中国特色社会主义政治经济学,要以马克思主义政治经济学为指导,总结和提炼我国改革开放和社会主义现代化建设的伟大实践经验,同时借鉴西方经济学的有益成分。2017年5月,中共中央印发《关于加快构建中国特色哲学社会科学的意见》,提出要加快构建中国特色哲学社会科学学科体系,包括发展中国特色社会主义政治经济学。这些都表明党中央明确提出构建中国特色社会主义政治经济学的宏伟任务。

简单回顾一下历史。1958年,在"大跃进"年代,曾经掀起过一次撰写中国自己的社会主义政治经济学的高潮,全国各省市写出了十六本社会主义政治经济学著作,但不久因"大跃进"失败也跟着销声匿迹。20世纪60年代初,中宣部曾要求孙冶方、于光远分别牵头各自写一本社会主义政治经济学。于光远带领吴敬琏、陈吉元等,在厂桥中直招待所写作很长一段时间,但是没有写成,只是陆续出版了由于光远署名的《政治经济学社会主义部分探索》五集。孙冶方也集中了经济研究所主要骨干,撰写《社会主义经济论》,有一段时间张闻天还参加讨论,一直到1964年下半年受批判也未写成,1983年孙冶方去世时只留下一个初稿。之所以写不出来,主要是那时我们还没有找到正确的适合中国国情的社会主义建设道路,很难系统突破传统社会主义经济理论框框,没有条件构建充分体现中国特色、中国风格、中国气派的社会主义政治经济学。

党的十一届三中全会以来,经过四十多年改革开放,情况发生了根本变化。由于我们找到了唯一正确的建设中国特色社会主义道路,经济迅速腾飞,社会日新月异,我们积累了极其丰富的进行社会主义现代化建设的经验,形成了一系列把马克思主义政治经济学基本原理同改革开放新的实践结合起来的创新成果,从而为创建中国特色社会主义政治经济学创造了根本的条件。这些理论成果,最重要的有:社会主义初级阶段理论,社会主义市场经济论,公有制为主体、多种所有制经济共同发展的理论,按劳分配为主体、多种分配方式并存的理论,宏观调控理论,对外开放理论,不断演进的经济发展理论等。这些创新理论成果,构筑了中国特色社会主义政治经济学的"四梁八柱"。

需要指出,构建中国特色社会主义政治经济学是一个艰巨的工程。但可以肯定,随着我国社会主义现代化建设不断推进,特别是建设现代化经济体系的不断推进,一个贫穷落后的国家,不再走资本主义的老路,在短时间内跨越到发达的现代化强国的客观规律性,将更加清晰地浮现出来。经济学家的任务,就是深刻研究伟大的经济建设实践,对丰富的实践经验作出理论概括,用经济学的范畴概念组合成逻辑严密的体系。这是经济学家的光荣使命,也是经济学家研究活动的广阔的舞台。

(作者单位:中国社会科学院经济研究所)

新中国70年社会主义政治经济学发展的"历史路标"

顾海良

各位老师、各位朋友，大家上午好！非常高兴能够有这次机会给大家讲一下关于新中国70年经济学发展的一些问题。

我的主题是"历史路标"，说一下"历史路标"的来源。马克思在《1861—1863年经济学手稿》中讲到政治经济学研究，他认为在经济思想史上主要是两个方面，他称为历史的评论：一是政治经济学家以怎样的形势自我评判；二是政治经济学以怎样的历史路标的形式被揭示出来。这两个说法，大概相当于我们一位老的经济史学家赵先生在70多年前提的经济思想史的内史和外史的关系，前面是内史经济学家怎么争论、怎么讨论，后面是经济思想史家怎么样概括这个过程；大概也相当于熊彼特所讲的经济思想史和经济分析史的关系，后者历史目标相当于熊彼特的新经济分析史一样，我们讲的是历史路标。

这里面有几个问题提出来，中国社会主义政治经济学的过程和阶段。从目前来讲，大家相对统一，大概分为四个阶段。

第一个阶段，新中国成立到1956年，新民主主义社会向社会主义过渡完成；

第二个阶段，1956年到1976年"文化大革命"结束；

第三个阶段，1976年一直到党的十八大召开，新时期中国特色社会主义政治经济学的发展。

第四个阶段，我国进入新时代中国特色社会主义政治经济学。

第一个阶段和第二个阶段，我们称之为"站起来"的中国政治经济学，第三个阶段就是"富起来"的政治经济学，现在应该说是"强起来"为主体的政治经济学。

四个阶段划分，我们从中能得出这样五个最主要的问题。

1. 特定对象。中国政治经济学的特定对象就是社会主义初级阶段，这和马克思主义研究资本的典型——英国发达资本主义精神——对象是不一样的，它是一个发展中的变化者，而不仅仅是社会主义经济制度和经济体系。

2. 学理依循。我们把它定位在1956年，是毛泽东主席在进行《论十大关系》调研时提出的。他认为新民主主义革命能取得胜利，是因为我们实现了第一次结合，把马克思主义基本原理和中国实践结合，我们是吃了大亏以后才知道这个道理的。现在我们搞社会主义建设，走自己的道路，我们要实现第二次结合，把马克思主义基本原理和中国实际相结合。我认为这是中国社会主义政治经济学的学理依循，一直到现在我们坚持下来了。

3. 理论内涵。随着四个阶段的发展，理论内涵上是越来越丰富了。中国社会主义政治经济学的内涵，基本上是与时俱进的，与我们的实际发展在同时发展。

4. 学术特征。我们可以概括出几个方面，其中最重要的一个是守正创新。

5. 科学体系，就是建立系统化的经济学说。

大概能够得出这五个方面的论述。我后面就不面面俱到了，讲其中的这么几个问题，提出来供大家讨论。

这四个阶段，到底我们的政治经济学贯穿始终的主线是什么？我认为这个主线是解放生产力和发展生产力。1956年1月20日，毛泽东主席首先提出来，"我们要进入社会主义社会"。进入社会主义我们经济怎么搞，社会怎么发展，他首先提出要发展生产力，紧接着说要发展生产力必须解放生产力，解放生产力靠什么？靠调整生产关系。过了一年以后，他又讲了我们要发展生产力，解放生产力，还要保护生产力。什么叫保护生产力？就是上层建筑和意识形态要保护和维护生产力。所以围绕解放生产力、发展生产力、保护生产力，非常准确和完整地表达了中国社会主义政治经济学的整个理论主线。在改革开放以后，这一主线得到了更为清晰的体现。邓小平讲了，过去我们只讲社会主义条件下发展生产力，没有讲还要通过改革解放生产力。应该把解放生产力和发展生产力"讲全"。"讲全"二字比较好地说明了中国政治经济学研究的主线问题，都是围绕着如何发展生产力，如何解放生产力。

现在大家看到，我们社会科学很多理论观点，都是以解放生产力和发展生产力为起点的。解放生产力和发展生产力"讲全"这个观点，形成了中国特色社会主义政治经济学的理论。社会主义初级阶段的判断，社会主义初级阶段生产资料所有制结构和分配制度结构的理论，就是根据解放生产力和发展生产力提出来的，这是毫无疑问的。

我们在发展论坛就这个观点讨论了计划和市场。从党的十一届三中全会一直到党的十四大，我们以计划和市场的关系来寻找经济体制改革的目标模式。党的十四大以后，这个核心问题转向政府与市场。以这个核心问题探讨政治经济学的发展路径，它的出发点、它的起点也是解放生产力和发展生产力。同时，我们根据这个理论确定了改革开放大政策，也是根据解放生产力和发展生产力的要求。

另外我们讲，以经济建设为中心，不管我们制定"三步走"目标，大的三步走，小的三步走，一直到现在的"两个一百年"目标，解放生产力、发展生产力理念贯穿始终，也是我们构建中国特色社会主义政治经济学的一条主线。即便我们现在十九届四中全会得出了社会主义经济制度的重要结论，同时提到社会主义经济制度的治理体系的时候，也把解放生产力、发展生产力放在最重要的位置。

我们再回顾一下，改革开放40周年，经验总结第一条就是解放生产力、发展生产力。2015年12月，中央经济工作会议上，习近平总书记提出中国特色社会主义政治经济学的四大原则：第一大原则，就是解放生产力、发展生产力；第二大原则，坚持社会主义市场改革方向；第三大原则，调动所有方面的积极性；第四大原则，要避免陷入中等收入陷阱。四个原则比较好地勾画了中国特色社会主义政治经济的原则，而原则的第一条就是解放生产力、发展生产力。原则的推进、原则的体现才有我们基本经济制度的确定和基本制度理论的形成。

社会主义市场经济发展的理论是我们的主题。为什么要把这个确定为主题？因为，社会主义市场经济这个问题一直是我们关于经济制度和经济体制结合形式的一种看法。党的十八大以后提出三个主体和三个补充，就是在进入社会主义社会之后，我们到底采取怎样的经济体制，这确定了我们改革探索，我们关于运行体制第一个重要思想。当时，这个思想主要确立在中央和地方权力调整，还没有立足于商品经济，立足于商品经济的资源配置方式来理解经济体制。所以，党的八大以后的几十年，我们也在改革，我们也在调整，但是调整的核心问题是中央与地方权力配置，市场趋弱的根本问题是因为没有在计划和市场关系问题上找到经济改革的突破口。所以，不是没改革，而是千方百计寻求改革。党的十四大把计划和市场问题确定为我们经济体制改革的核心问题，大概也是几十年发展给我们的经验教训。

我们正是以这个为核心，确定社会主义经济体制。党的十四大以后，我们又转到市场和政府关系上探索经济改革，这也是理论总结的问题。怎么样抓住这个理论总结实现基本经济制度三个方面的结合？基本经济制度的作用和效能，最重要体现在经济运行中，而经济运行就是我们现在讲的政府职能。基本所有制和分配制度是通过市场治理过程和运行过程得以体现的。反过来市场经济发展对我们所有制、分配制度提出进一步完善和发展的要求。

所以，在进一步推进现代化建设中，如何把社会主义市场经济发展作为我们的主要问题提出来，而且按照党的十九大以来形成的两点论和辩证法看问题。公有制为主体、多种所有制经济共同发展以及和其他所有制的关系要坚持两点论和辩证法；政府和市场关系也要坚持两点论和辩证法。用中国自己的实践和理念来开创中国社会主义市场经济和利用中国社会主义市场经济的规律性。

回顾70年发展，发展始终是政治经济重要问题。十大关系中，毛泽东同志提出，要从发展的观点来看经济建设的问题。这确实是一个思想方法。毛泽东指出关系就是问题，问题就是矛盾，解决这些问题，处理这些问题，对待这些问题，解决这个矛盾，根本的出路在于从发展的观点来看问题。后来，发展一直是我们经济建设重要的内容。到改革开放以后，实现什么样的发展和怎样发展，成为我们探索中国特色社会主义道路、坚持和完善中国特色社会主义制度的一个重大课题，更是我们新时期中国特色社会主义政治经济学的一个主导性的问题。

所以我提出中国特色社会主义政治经济学"三主"——主线、主题、主导，来建设中国特色社会主义经济学说。这涉及理论和实践问题。有人认为初级阶段还不能健全经济制度，还没有资格建立社会主义经济政治学；另外就是发展时间太短了，很多实践问题没有完全做到底，所以理论上能不能上升到理论体系。

党的十八大以后，这些观点慢慢受到了大家的质疑，大家都认为现在构建系统化的经济学说已经是时候了。40年的改革开放，70年共和国所走的路，已经为我们建立中国特色社会主义政治经济学这一系统化经济学说创造了前景和条件。

我们如何探讨这个问题，党的十九大以后做了第一次尝试，十九大以后召开的中央经济工作会议，以习近平新时代中国特色社会主义思想为指导，做了主要内容和坚持的探讨。新发展理念为主要内容。我认为这是一种探索，这是一种尝试，但是它的主题是习近平新时代中国特色社会主义思想。中国特色社会主义政治经济学，我想在理论体系上可能会很宏大，这个探索——习近平新时代中国特色社会主义思想——起到了重要的作用。

不断完善中国特色社会主义政治经济学理论体系，上升为系统化的经济学说，是新中国 70 年社会主义政治经济学发展的要求，也是新时代中国特色社会主义政治经济学学科建设的指向。

（作者单位：北京大学马克思主义学院）

新中国70年经济建设成就与经验

对我国国防科技工业发展历程的简要回顾

吕 政

2019年新中国成立70周年的国庆阅兵,展示了我国现代化武器装备体系。新一代的武器装备,全部由我国自主研发设计和制造,展现了中国国防科技工业发展的最新成就,成为维护国家安全和世界和平的重要力量。新中国的国防科技工业是在"一穷二白"的基础上起步的,是新中国成立70年来经过几代人的不断奋斗的结果。

我国的武器装备研发和制造经历了仿制、学习消化吸收和自主创新几个发展阶段。1956年,毛泽东在听取当时主管原子能工业的负责人刘杰和钱三强的汇报时说:"怎么搞原子弹?要先楷后草。"毛主席是大书法家,他的草书龙飞凤舞,独具一格。但是他年轻时的楷书非常工整,一笔一画。毛主席提出的"先楷后草",他用这个思想指导中国国防工业的发展,实际上就是要先打好基础,一笔一画,一步一个脚印。毛泽东时代为新中国国防科技工业奠定了基础,建成了从常规武器到现代化战略武器的完整研发和制造体系。没有1979年之前30年的基础,就没有后40年国防工业的跨越式发展。

首先是20世纪50年代建立了国有大企业为主体,政企合一、产学研一体化的国防科技工业部门。1956年,也就是新中国刚刚成立7年,我们开始能够在引进学习的基础上研制喷气式歼击机;1958年建成我国第一座原子反应装置;1963年第一枚地对空导弹研制成功;1964年首枚原子弹爆炸成功;1967年第一枚氢弹爆炸成功;1970年我国第一颗人造卫星发射成功;1970年12月,第一艘核潜艇研制成功；

1971年，我国研制的第一艘导弹驱逐舰试水。1977年，中国的中子弹研制成功，实现核武器的小型化。这些武器装备的研制成功代表50年代到70年代中国国防科技工业发展的成就，也为后来的发展奠定了基础。

到20世纪80年代，基于对当时国际形势的判断，和平与发展是主题，暂时打不起大仗，邓小平同志提出军队要忍耐。为了减少军费开支，加快国民经济发展，对当时的国防建设和国防科技工业政策进行了调整，财政支出中的国防费用下降，并进行了两次大裁军，这样减少的军费开支可以支持国民经济建设。

1991年，海湾战争以后使我们对现代化战争方式有了新的认识。信息化条件下的高技术战争的样式与机械化条件下的战争样式发生了重大变化，精确制导，零接触，零伤亡，目标定位到哪里就打到哪里。但是当时我国的武器装备与美国的武器装备有很大差距。因此，20世纪90年代开始调整国防政策，逐步加大了对国防科技工业的投入。国防科技工业的发展实行以缩小差距为目标，以型号研发为主导，以重大工程为依托，以社会化分工为基础，形成了一种新的运行机制。

其次以企业为主体，与市场机制结合，产学研一体化，它和产学研联盟不一样。我国的国防科技研发机构是在大型军工集团之内，军方提出需求，军工集团既研发，也制造，即在体制和管理上实行产学研一体化，而不是科研与生产"两张皮"。

改革开放以来中国工业技术的能力和配套的增强，军民融合的发展形成新的体制机制。在国防科技队伍的建设上，培养出一代又一代的国防工业科技专家。

世界政治局势的变化，国家安全和军事斗争的压力，是促进我国国防科技工业发展的动力。应牢记"落后就会挨打"的历史经验，增强危机意识。

在一定的意义上说，我国国防武器装备的现代化是美国霸权主义逼出来的。20世纪50年代到70年代时期的冷战，1991年苏联解体以后，美国对中国的技术封锁、遏制和挑战，逼着我们独立自主地推进国防科技工业和武器装备的现代化。

（作者单位：中国社会科学院）

重视对十九届四中全会《决定》关于
生产要素内容的研究

汪同三

党的十九届四中全会深刻总结了新中国成立 70 年以来取得历史性成就的伟大经验,着重研究了坚持和完善中国特色社会主义制度,推进国家治理体系和治理能力现代化的理论和实践问题,做出了《中共中央关于坚持和完善中国特色社会主义制度 推进国家治理体系和治理能力现代化若干重大问题的决定》(以下简称《决定》)。《决定》的第六部分提出要"坚持和完善社会主义基本经济制度",具有十分重要的意义。在以往的政治经济学教科书中讲基本经济制度是生产关系的总和,包括生产资料所有制,生产活动中人与人的关系,以及社会产品的分配制度。这是政治经济学教科书上讲的基本经济制度的三项内容。党的十九届四中全会的《决定》,在总结新中国成立以来特别是党的十一届三中全会开始改革开放以来的重要实践经验的基础上,将公有制为主体、多种所有制经济共同发展,按劳分配为主体、多种分配方式并存,社会主义市场经济体制并列作为社会主义基本经济制度的内容,是对社会主义基本经济制度做出的新的概括,是对社会主义基本经济制度内涵做出的重要深化和发展,既体现了社会主义制度优越性,又与我国社会主义初级阶段社会生产力发展水平相适应,是中国共产党和中国人民的伟大创造。

刚才张卓元老师讲到党的十九届四中全会《决定》最大的理论发展贡献,是对基本经济制度的表述增加了新的内容。我们以前也讲基本经济制度,但是那时候更多的是聚焦于生产资料所有制关系。

1987年党的十三大对我国社会主义建设的历史经验，特别是改革开放以来的经验做了总结和概括，明确提出并系统阐述了社会主义初级阶段理论和党在社会主义初级阶段的基本路线，为进一步确定改革开放条件下基本经济制度框架奠定了理论基础。1997年党的十五大把公有制为主体、多种所有制经济共同发展的制度确立为社会主义初级阶段的基本经济制度，不仅保证了社会主义市场经济体制的建立和运转，而且推动了国民经济持续快速发展。2002年党的十六大强调要坚持和完善这一基本经济制度，同时提出了两个"毫不动摇"、一个"统一"，进一步推动各种所有制经济在市场竞争中发挥各自优势，相互促进，共同发展。党的十九届四中全会把分配关系和社会主义市场经济体制两项重要内容表述进我国基本经济制度的范畴中，明确了我国社会主义基本经济制度包括所有制关系、分配关系和社会主义市场经济体制三项内容，这确实是一个伟大的创举。

在《决定》中关于分配制度的表述是"坚持按劳分配为主体、多种分配方式并存"。《决定》在强调收入分配工作中要提高劳动报酬在初次分配中的比重的同时，特别提出要"健全劳动、资本、土地、知识、技术、管理、数据等生产要素由市场评价贡献、按贡献决定报酬的机制"。《决定》提出，要按以上七个生产投入要素的贡献来考虑收入分配，不仅要求我们去研究在基本经济制度框架下如何进一步做好收入分配工作，以实现经济的稳定均衡可持续增长和促进与实现社会的公平正义，同时也给我们从事经济研究的学者提出了一个很重要的研究方向，即生产投入要素与生产的关系，生产投入要素的拓展是如何提升生产的。虽然七个投入要素讲的是分配，但是实际上它更应该延伸到生产过程领域，应延伸到供给侧，就是要研究生产活动是如何在要素投入的基础上实现价值创造的。人类的生产活动必须有必要的要素投入。人们最早发现劳动、资本、土地是市场活动必不可少的投入要素。马克思曾经批判过法国经济学家萨伊提出的"三位一体"公式。萨伊认为，在社会财富的分配中按照投入要素的作用，土地应该得到地租，资本应该得到利润，劳动应该得到工资。但是马克思批判了萨依的三位一体公式，马克思认为三位一体公式违背了劳动价值论，土地得到了地租，但并不是土地创造出来了价值，资本得到了利润，但并不是资本创造出来了价值，所有的价值都是劳动创造的。所以马克思科学地批判萨伊的三位一体公式违背劳动价值论，但是马克思没有否认劳动、资本、土地是生产活动必不可少的投入要素，它们的投入是创造财富价值的必要条件。

人们开始从不同角度使用各种方法研究土地、资本、劳动是如何实现产出，实现价值增值的，其中一种非常重要的科学有效的方法就是建立所谓的生产函数。生产函数方法可以科学抽象地分析研究各种生产投入要素与产出的逻辑关系和量化关系，以及各种投入要素之间的相互替代关系等诸多内容。生产函数既可以进行数理定性分析，又可以进行实证定量分析。大量生产函数的实证研究结果发现仅用土地、劳动和资本作为生产投入不能完全解释产出，也就是说还有人们暂时还没有意识到的要素，它们的投入也对生产产出的实现发挥作用。在被研究者大量使用的传统的柯布—道格拉斯（C—D）生产函数中，那些没有被土地、劳动、资本投入完全解释的产出部分，在经济学中称为索洛剩余，这就是我们讲的全要素生产率。全要素生产率指的是资本和劳动的投入没有能够解释的产出，进而去研究还有哪些生产的投入要素应该纳入研究范围，以及这些投入要素是如何影响产出的。于是人们开始研究索洛剩余是由哪些投入要素决定的？比如说马歇尔研究认为企业家也是一个重要的因素，泰勒建立了影响生产过程的管理学框架，熊彼特研究论证了创新是重要的投入因素，等等。又比如哈佛大学和斯坦福大学两个教授提出 KLEM 生产函数，就是除了资本（K）和劳动（L）之外，还把能源（E）和原材料中间投入（M）对于产出的贡献纳入了统一的研究框架中。

以上这些研究成果都是近现代学者在理论和以实践为基础的实证研究中得到的。党的十九届四中全会《决定》在我国改革开放建立社会主义市场经济体制实践经验总结的基础上，将这些现代社会影响社会生产产出的要素概括为技术、管理和知识。不难看出，技术和知识是与熊彼特提出的创新相关的，管理与泰勒论述的管理学以及马歇尔提出的企业家的作用是相关的，其实都是前人研究的科学成果在《决定》中得到的集中反映，表现为基本经济制度关于分配的相关内容的描述。特别是《决定》还提到了对现代生产活动越来越重要的投入要素数据，目前涉及数据对于生产产出的贡献的研究正在兴起，还需要形成更具重要影响力的理论与应用研究氛围。这表明我们党在推动中国进行改革开放，实现中国梦的同时，在理论上是在不断深化不断创新的，无论在实践方面还是在理论领域，都起到了引领作用。马克思主义政治经济学的基本原理是生产力决定生产关系，经济基础决定上层建筑，这是一个奠基性的理论。在邓小平的表述中是"发展才是硬道理"，这是老百姓一听就懂的大白话。在江泽民和胡锦涛两位总书记的表述中，讲的就是"发展是党执政兴国的第一要务"，是规范的政论语言。其实这些表述的基础都是马克思主义的那条基本原理。习近平总书记指出当前实现经济社会发展的重要任务，是深化供给侧结构性改革，其基本原理仍然是生产力决定生产关系，经济基础决定上层建筑。"供给侧结构性改革"这样的表述使用了很经典的经济学术语，进一步加强了马克思政治经济学基本原理的科学性。进入新时代以来，党的十九大第一次在党的重要的文件中提到全要素生产率这样一个概念，说明我们党在理论上是在不断拓展不断深化，特别是党的十九届四中全会对于社会主义基本经济制度的论述，对马克思主义理论与实践又做出了重要的发展和创新。

认真学习党的十九届四中全会《决定》，结合我们的经济学研究工作，研究社会主义基本经济制度，研究七个生产投入要素对产出的贡献，是我们义不容辞的责任，首先要把这些问题研究清楚，才能够具体落实十九届四中全会提出的按投入要素贡献来进行分配的原则，进而充分发挥我国社会主义基本经济制度的优越性。

（作者单位：中国社会科学院）

从"计划与市场"到"市场与政府"

平新乔

感谢社科院经济所和《经济学动态》杂志社的邀请。这次会议的主题是新中国成立70年经济发展成就和经济学理论发展回顾。我想讲讲政府与市场的关系,这也是我们改革开放中一个核心的话题。党的十九届四中全会关于社会主义基本经济制度的内涵讲了三个方面,所有制方面以公有制为主体,多种所有制经济共同发展;按劳分配为主,按各种要素分配同时并存;在资源配置中发挥市场决定性作用,和更好发挥政府作用。前面这两条,看上去分配权与产权是分开的,其实在分配里面有分配权就是产权,分配权是产权的一种实现形式。中世纪佃农和奴隶的差别在于,奴隶是没有分配权的,所以奴隶的特征是尽可能吃、尽可能少干活,省力气,所以奴隶制的经营成本很高。像19世纪美国南方在生产糖、生产烟草方面就可以采取奴隶制,因为奴隶吃不了多少糖,也吃不了烟草。但是生产小麦和玉米,如果是用奴隶制的话,可能收入抵不上支出。为什么?因为小麦和玉米是可以直接拿来吃的,奴隶会尽可能多吃,尽可能少地干活。那么这种状况说明什么?说明,如果没有分配权,就没有激励。分配权也是产权。请注意,十九届四中全会决议关于社会主义基本经济制度的前面两条都是强调社会主义公有制为主和按劳分配为主,唯独这第三条是把市场机制放在前面,并指出市场是起决定性作用的。这可以有两种解释,第一种解释是市场本身没有社会主义或者资本主义的属性,在公有制和按劳分配为主的前提下的市场机制就是社会主义市场机制;第二种解释是在配置资源中起决定性作用的市场机制在与政府作用相配合时就已经是社会主义市场经济了。我个人是认为第一种解释比较合理，即中国的市场机制其实是受公有制和按劳分配限制的，而市场机制的发展就会改变公有制格局，也会改变分配格局。中国之所以能够改革比较成功，从根本上说，还是由于引入了市场机制，这在相当程度上改变了原来的传统公有制经济和分配格局，但是总的说来，公有制经济和按劳分配至今仍然是中国经济的主导，这也保障了市场转型过程的稳定和为人民谋福利的目标的成功实现。

在中国，1949年以后，一直没有取消市场机制。虽然市场机制的范围大大缩小了，比如，证券市场在50年代初就关闭了，传统的米市后来也被国家的"统购统销"取消了，但是，市场方式还是保留的，一些小商品、农副产品的集市贸易，自主定价的市场机制一直是存在的。哪怕是在十年"文化大革命"期间，我小时候，农民可以在家门口的供销合作社买东西，也可以进城到国营商店买东西，小摊贩也没有完全取消，农民、渔民卖粮、卖菜、卖鱼、卖虾、卖猪肉等，还是可以的。

但是，新中国成立70年当中，关于市场机制在社会主义经济中的地位，是发生了巨大的转折和变化的。大致可分为两个阶段：第一个阶段是从新中国成立到1984年这35年，第二个阶段的从1984年到2019年，也是35年。第一个35年可以称为"计划与市场"之间关系的阶段，第二个35年可称为"市场与政府"之间关系的阶段。这两个阶段之间的差异，从文字上来说，有两个变化：一个变化是，在后一个阶段里，与市场对应的不再是"计划"，而是换成了"政府"。这说明政府调节经济的手段不光是计划，而且还有政府其他政策手段和杠杆。另一个变化是，我们称后一个阶段是"市场与政府"之间的关系，是把"市场"放在"政府"前面，说明市场机制在资源配置的过程中是起决定性、基础性的作用的，而不再是1984年以前的"计划主导"的时代了。

不过，从"计划与市场"到"市场与政府"关系的转变，其经济内涵要深刻得多。

先看"计划与市场"之间关系阶段。这一般指从新中国成立到1984年，严格地说，是1956年"三大改造"完成之后到1984年这28年。之所以以1984年为界，是由于1984年10月党的十二届三中全会提出了中国经济是"社会主义有计划的商品经济"。这表明，从此以后，计划只是商品经济的一个属性，或者说是一个限定，一个条件，一个前提，而商品经济则成了经济的主体。这从理论上结束了计划为主、市场为辅的说法，具有划时代的意义。

1956—1984年，为什么被称为是"计划与市场"之间关系的阶段呢？因为，第一，在整个国民经济里，当时的经济主体是国营的工业企业和农村集体经济单位，生产和交换的自主性已经基本不存在，自主性市场机制基本退出经济运行，国家计划尽管实施起来效率不高，但的确是经济决策和运行（生产、交换、分配、消费）的主要方式和主导机制，市场机制只是作为计划机制的补充，附属于计划经济。第二，就当时在国民经济中所实施的市场机制而言，也是受计划控制的。比如工业品市场定价和农产品定价，基本不是交易当事人自主定价，而是实行"计划价格"。市场交换的范围、规模和数量本身就属于计划体系中的一个个子计划系统。除了少数农副产品和特殊时期（如三年"困难时期"）的特殊产品是容许放开价格由市场自主定价以外，计划价格覆盖了大部分产品交易。这样，市场实质就是只剩外壳与形式，而经济实质是计划经济、命令经济，或者就是实物形式的自给自足经济。

可是，作为这一阶段（新中国成立至1984年）的实践的理论总结的经济学在这个时期是有成就的。中国经济学家在"计划与市场"之间的关系上是做了认真、独立的理论研究的。尤其是中国科学院经济研究所（即后来的中国社会科学院经济研究所），对于"计划与市场"关系的研究是很深入的，对于传统的"计划与市场"体制下的经济问题分析得十分深刻，实际是为后来结束计划经济主导的体制做了理论准备。在"文化大革命"前的50年代末和60年代前期，中国经济学界就"计划与市场"之间的关系展开了两场大的理论讨论。第一场讨论是1959年中国科学院经济研究所和上海社科院经济研究所联合在上海举办的全国性的关于商品经济与价值规律的大讨论，收到论文77篇。这场讨论虽然在理论上受斯大林《苏联社会主义经济问题》和苏联《政治经济学》第三版的影响，但中国学者有自己的独立思考，对于当时国内盛行的"共产风"是一种批评。这场讨论，和这之前孙冶方、顾准在1956年、1957年分别发表在《经济研究》上主张计划要以价值规律为基础的论文一起，对于决策层在社会主义经济中更多地保留市场机制，起到了良好作用。这事实上成了中国自己的微观经济学的开端。

第二场讨论是20世纪60年代前期关于国民经济再生产与按比例发展经济的理论探讨。中国科学院当时的中青年学者杨坚白、董辅礽还有许多大学教授就积累与消费，农、轻、重之间的比例关系在《经济研究》《新建设》《光明日报》上发表大量论文。在这场讨论里，作者们的理论基础和方法还是马克思《资本论》二、三卷，讨论的实质是对于1958年"大跃进"在宏观上造成的国民经济比例失调后果做理论反思，提出了治理国民经济比例失调问题的规范和目标。这是中国自己的宏观经济学的重要篇章，而且，这种宏观经济分析主要是结构分析。

20世纪50—60年代这些关于价值规律与市场地位的讨论，基本上只是属于理论层次。事实上是不可能在实际中得到运用的。原因是两条：（1）价值规律和价格机制根本上是一种配置社会资源的机制，其实施的前提是交易者自主定价，而计划体制下的所谓"计划价格"从根本上否定了买卖双方的自主定价；（2）当时的讨论的价值是以劳动作为度量尺度的，而在实践中劳动是不可能测量的。因此，即使学者们看到了计划价格或政府定价所带来的种种扭曲，也提出过若干调价建议，但是在计划体制下实际上是达不到按社会必要劳动量来分配劳动的境界的，按社会必要劳动量来分配劳动时间只能是通过自主定价即自主的市场竞争才能够趋近。这就是说，要实现价值规律和市场机制，必须走出计划体制，实现从计划到市场的转变。

这个从计划到市场的转变起始于1978年党的十一届三中全会。经济学界从1977—1983年，就价值规律和市场机制展开再讨论，但讨论重点已不再是要不要商品经济，而是探索市场机制应在多大程度上配置国民经济资源？以及以什么方式来实现从计划到市场的转变（是通过调价？还是放开价格）？在这种经济理论的发展过程中，陈云1956年关于允许自主定价的自由市场的主张和张闻天1962年在三年困难时期关于放开部分生产资料和消费资料市场，让市场自主定价的双轨制设想，事实上影响了80年代初的决策层。而国家计委和国务院价格研究中心的智囊团的领导者如薛暮桥本来就是在60年代参与中央财经委员会领导的放开部分生产资料和消费资料市场工作的专家，他们对于双轨制的实践是很熟悉的，只是对于市场自主调节的度的把握需要再探讨。

再看"市场与政府"之间关系的阶段，即1984—2019年这一阶段。

1984年10月党的十二届三中全会明确了中国社会主义经济的目标模式是有计划的商品经济，这标志着中国经济进入了"市场与政府"时期。所谓"市场与政府"，就是政府搭台，企业在市场的大舞台上唱戏。后来，到1987年党的十三大，更是提出"政府引导市场，市场调节企业"。从实际上看，1984年以后，市场机制在越来越大的范围内配置着资源：

（1）开始是将消费资料的市场配置面扩大，1985年全国在城市放开了副食品价格。

（2）20世纪80年代中期，政府又将价格放开从生活资料市场扩大到生产资料市场，即允许生产资料市场的双轨价格制。

（3）生产资料的部分市场化，又影响到其他生产要素的市场化进程，即人和土地资源也要相应实现市场化。事实上，20世纪80年代，在深圳特区，已经开始尝试土地招标和企业用工人事改革，即真正意义上的土地市场和劳动市场实际上已经出现了，只是在全国范围内推开，要等到90年代。

（4）市场机制的开发和市场化进程是有其内在逻辑的，生产要素市场的建立和自主定价，会促进企业产权的市场机制的形成。所以，当生产要素市场在20世纪80年代初步建立后，企业产权也开放了。90年代，国有企业上市，企业的产权某种程度也成为商品，这就是资本市场在90年代的发展。但是资本市场运行的内在逻辑与国有企业原有产权结构之间还是存在一定程度的不相容性，国有企业的原有股权结构会影响资本市场的深度，所以90年代末有了股权结构的改革。这个改革说明，引入市场机制后，会促使原来的国有经济和国有资本占有方式发生进一步的改革。2006年起，我们进一步以资本市场对价方式实施了股权改革，以解决所谓的"大小非"问题。2013年党的十八届三中全会的决议里面，提出要成立国有的控股公司，成立国有的投资公司，用这个办法来解决国有股、法人股卖掉以后国家怎么实现资本控股的问题。

（5）开放了产权市场和股票市场后，金融市场也要进一步开放和健全。20世纪90年代末中国开始清理和剥离银行产业的坏账，到2001年以后中国开始实施国有商业银行上市，中国的金融业的市场机制基本形成。

（6）从20世纪90年代开始，中国的市场机制向国外延伸，与发达市场国家对接。21世纪初，我们扩大到与国际市场接轨，就是加入WTO，这反过来也加速国内的市场化进程，提高了国内市场化标准。

总之，1984年以后，我们从产品市场到要素市场，到产权市场和资本市场，从国内市场到国际市场，市场化越来越深入。所以现在我们对于市场的定位是，在社会主义市场经济里面，市场起配置作用，配置当中起决定作用。这跟20世纪80年代前甚至80年代初讨论计划与市场关系相比，认识水平提高了很多。我们现在从基本的配置方式，到市场层次，趋势是市场覆盖面越来越广，层次越来越深。

这里提出一个问题，还要不要建设社会主义？我们20世纪八九十年代是讨论社会主义需要市场，现在市场开放以后，还要不要坚持社会主义？这是一个更根本的问题。我以前在美国念书，其实美国经济学家对马克思主义很敏感，对社会主义很敏感。我们一讲国有企业，都不让你做这方面研究，他们对马克思主义、对社会主义非常警惕，你可以想但是不让你做。现在我们对西方经济学和西方学说反而更开放。我们进行市场经济改革，我们建设社会主义，慢慢觉得有边界，市场经济有边界，有些地方不能破。这个边界就是公有制占主导地位，分配中按劳分配占主导地位。

一方面，公有制基础上的市场经济，它对私有制是有所限制的，并不是没有限制。就是在美国，美国五百强里面也有两家国有企业。美国的资源特别是基本资源也是公有，只不过不说。否则，它们哪里会有"公地的悲剧"？一定是存在着"公地"。所以我们强调公有制，在这个基础上讲市场经济，它对于市场经济是有所制约的。这是中国特色，我们需要在这个方向上把社会主义的原则跟市场经济配置资源的规则更好地结合起来。这个题目现在还没有做完，还需要继续深入。

另一方面，在公有制基础上引入了市场机制，对于原有的传统的社会主义公有制和国有企业必定会产生改革的影响。比如，引入要素市场，人才流动，按要素边际生产率来分配收入，这就会改变国有企业原有的分配方式，国有企业的原来的组织形式就会发生演变，可能国有企业也会大大压缩固定用工人数，而更多地采用合同工和临时性的农民工。这样，在企业组织结构上，国有企业与非国有企业之间的差异就会逐步缩小，国有企业的性质就会更多地体现在对国有资本的控管和对于管理人员的治理结构上。

这就是说，引入价格双轨制，后果不仅仅是价格水平变化，而是会深刻地引起企业组织变化，引发国有企业的重组，引发公有制的调整，引发整个经济转型过程。而如果要对市场机制施加某种限制，那势必是保护原先的国有企业地位，容忍原有体制的某些低效率，而这些容忍又是因为在国民经济的某些关键部位，我们需要国有经济和国有企业的自然垄断，或者目前还无法消除这类国有企业的自然垄断。价格双轨制之所以至今还在某些领域存在，其原因可能主要不是由于价格放开需要有一个过程，而是在某些领域，价格放开的好处可能不如价格不放开的好处，比如药品价格。

（作者单位：北京大学经济学院）

准确判断世界形势是中国对外开放走向的基本依据

裴长洪

关于对外开放，我们都习惯于谈论改革开放之后的40年，的确，对外开放是这40年经济社会巨大变化的一个重要内容。那么怎么看新中国70年？2009年为庆祝新中国成立60年，我写了《共和国对外贸易60年》，由人民出版社出版了；新中国成立70年，社会科学文献出版社也出版了我与王万山教授合写的《中国外贸体制与实践70年》，其中谈到了对这个问题的一些认识。新中国成立70年中的前30年和后40年的确有重大区别，但绝不能割裂，更不能相互否定；后40年是在前30年的基础上发展起来的，这一点是毫无疑义的；即便是在对外开放领域，无论是历史事实，还是党的政策思路，前后逻辑都明显相联系。

从贸易量来看，前30年也是高速增长的。新中国成立前，在中国设立的较大的对外贸易公司都是帝国主义国家控制的，中国民族企业规模都很小，4600家外贸公司，有大约3.5万从业人员，通常每年全国进出口总额只有10亿美元左右，其中67%控制在外国公司手里，民营外贸公司的进出口额只有33%左右。所以新中国成立以后第一步是没收帝国主义和官僚主义资本，并在此基础上建立新中国国有的外贸公司；继而对民族工商业进行了赎买和和平改造。到1978年，我们的进出口贸易总额是206亿美元，比1948年增长了18倍左右，从量上看增长十分迅速。

从新中国党和国家领导人对与外国开展经济贸易合作的基本态

度来看，从来都是积极的。许多历史文献表明，在新中国成立以前，毛泽东、周恩来都说过，我们需要和外国人做生意，我们可以和他们进行经济交流和技术合作，毛泽东在党的七届二中全会上就指出，"关于同外国人做生意，那是没有问题的，有生意就得做"①；"我们必须尽可能地首先同社会主义国家和人民民主国家做生意，同时也要同资本主义国家做生意"②。1949 年 12 月毛泽东还提出"准备和波、捷、德、英、日、美等国做生意"③。抗日战争胜利后，中共中央曾经设想在解放区利用外资办企业。1946 年 5 月，中共中央指示山东解放区"我应采取直接与美国及英法等国政府及其个别商人进行经济合作的方针，在两利的原则下，我们政府及商业机关应和外国商人以至外国政府直接订立一些经济契约，吸收外资来开发山东的富源，建立工厂，发展交通，进行海外贸易与提高农业和手工业。在订立这些契约时，只要避免不致因此受垄断、受控制及受外间政治上的攻击"，"而又对我有利，即应放手订立，允许外国人来经商开矿及建立工厂，或与中国人合作来经营工矿"④。可见，邓小平利用外资和对外开放思想并不是凭空产生的，它不仅是新形势下与时俱进的创新，也是我党以往经济工作实践和以往党的政策思想的延续和发展。

那么为什么新中国成立以后 30 年中我们处于相对封闭的状态？这跟我们面临的世界政治经济形势有很大的关系。1949 年年初北平解放以后，以司徒雷登为代表的美国一部分人士认为，为了防范苏联对中国的拉拢，为了防范共产主义势力在亚洲的蔓延，需要抛弃蒋介石政权而与中国共产党建立联系，这是一部分美国人的真实想法，但这种联系需要附带政治条件，即必须依附以美国

---

① 毛泽东：《在中国共产党第七届中央委员会第二次全体会议上的报告》，人民出版社 2004 年版，第 18 页。
② 毛泽东：《在中国共产党第七届中央委员会第二次全体会议上的报告》，第 18 页。
③ 《毛泽东文集》第六卷，人民出版社 1999 年版，第 35 页。
④ 沙健孙主编：《中国共产党史稿（1921—1949）》第五卷，中央文献出版社 2006 年版，第 38—39 页。

为首的西方势力，从而去共产主义。这段历史在最近一部电视剧《外交风云》中表演得很形象和逼真。当时毛泽东的回复是，可以建立经济联系，但是不能附带政治条件，这是不允许的。中国共产党坚持民族独立的态度使西方势力企图用经济贸易联系的好处来控制蒋介石政权垮台之后的中国新政权的图谋破产了。恼羞成怒的美国当权派依旧选择了蒋介石政权，尽管1949年4月美国国务院发布了《中美关系白皮书》，那个白皮书把蒋介石政权骂得狗血淋头，腐败无能，意思是美国对华政策的失败都是蒋介石政权的原因，推卸他们自己的责任。但是美国的立场没有变，新中国要和美国建立关系，必须附带政治条件，这是新中国断然不能接受的。因此美国驻中国大使司徒雷登灰溜溜地走了，毛泽东发表了《别了，司徒雷登》。

在当时的世界政治经济大格局中，新中国不是不愿意，而是外部条件不允许我们与西方国家建立正常的经济贸易关系。正如邓小平所说："毛泽东同志在世的时候，我们也想扩大中外经济技术交流，包括同一些资本主义国家发展经济贸易关系，甚至引进外资、合资经营等等。但是那时候没有条件，人家封锁我们。"[1] 新中国要保持真正的民族独立，只能而且需要与社会主义国家建立联系。因此中共中央在当时制定了"一边倒"的政策，即只与社会主义国家建立联系的对外政策。新中国前夕刘少奇秘密访问苏联，就是中国共产党对外政策的宣示。这决定了新中国成立以后的对外开放只能向苏联和欧洲社会主义国家开放，当时美国仍然说偏居海岛的蒋介石国民政府是中国唯一合法政府，不承认中国共产党和中华人民共和国，这种状态延续了20多年。在这样的世界形势下我们的对外开放只能向苏联和东欧国家开放。

20世纪50年代中国工业化开始起步，中国获得了苏联66亿旧卢布的有偿援助（相当于16.5亿美元，超过了第二次世界大战后美

---

[1] 《邓小平文选》第2卷，人民出版社1994年版，第127页。

国对德国进行"马歇尔计划"所提供的援助总金额14.5亿美元），建设实施了156个大型工业项目。在苏联的带领下，东欧各国向中国提供的技术设备援助共计30.8亿卢布（相当于7.7亿美元），中国从社会主义国家阵营中总共获得了大致24亿美元的工业化外来资本。苏联和社会主义国家的援助加上我们自己的经济积累，新中国在很短时间里奠定了工业化的基础。这个事情我们不能忘记，苏联人曾经援助过我们。这是50年代初期中国对外开放的一次重大事件，也可以说我国利用外国资本、外国技术是从这个时候开始的。

50年代后期和60年代初期，苏联出于自身利益，苏共领导人赫鲁晓夫提出要在中国建立长波电台、建立"联合舰队"，企图控制中国，并以断绝经济技术援助相要挟。新中国不允许美国附带政治条件，也同样不允许任何国家这样做，哪怕同是社会主义阵营的国家也不行。苏联因此断绝了援助，撤走了专家，中断了技术合作，中国经济遭受严重困难，这也是不能忘记的，它是新中国在对外开放中面临的第一次安全风险的考验。但新中国不仅赢得了尊严，而且照样取得了"两弹一星"的重大技术突破，它给予中国人民最宝贵的启示就是，在任何情况下，我们都要坚持走独立自主、自力更生的道路，这与对外开放并不矛盾。后来到了70年代，毛泽东根据世界大势，提出了三个世界划分的理论，这是中国领导人对世界形势的深刻判断，影响了整个世界，引导了中美建交、中日建交。当时毛泽东认为在发展中国家和苏美两个超级大国之间有一个中间地带，即第二世界发达国家，我们可以先和它开展经济贸易关系和技术合作，以此带动整个对外经济技术合作。根据当时中国经济的需要，按照轻重缓急，先引进了13套大型化肥生产设备（见表1），包括十几个重大技术，总价值51亿美元；后来又引进了化纤生产、钢铁生产等设备和技术，我们以前穿衣服都是棉布布料，后来有了"的确良"化纤布料，就是那些大项目生产出来的纺织品，这是很重要的对外开放，向欧洲日本发达国家开放，甚至还引进了美国的技术。

表1　　　1973—1974年中国引进13套大型化肥制造成套设备装置（合成氨/尿素）　　单位：万吨

名称	地点	引进来源国	规模	投资额	时间
沧州化肥厂	河北沧州	美国、荷兰	30/48	24312万元	1973年7月开工，1977年12月建成
辽河化肥厂	辽宁盘山	美国、荷兰	30/48	34342万元	1974年6月开工，1977年12月建成
大庆化肥厂	黑龙江大庆	美国、荷兰	30/48	267447万元	1974年5月开工，1977年6月建成
栖霞山化肥厂	江苏南京	法国	30/52	32128万元	1974年9月开工，1978年10月建成
安庆化肥厂	安徽安庆	法国	30/52	40526万元	1974年3月开工，1978年12月建成
齐鲁第二化肥厂	山东淄博	日本	30/48	26303万元	1974年4月开工，1976年7月建成
湖北化肥厂	湖北枝江	美国、荷兰	30/48	29875万元	1974年10月开工，1979年8月建成
洞庭氮肥厂	湖南岳阳	美国、荷兰	30/48	31329万元	1974年4月开工，1979年7月建成
广州化肥厂	广东广州	法国	30/52	50739万元	1974年12月开工，1982年10月建成
四川化工厂	四川成都	日本	30/48	16012万元	1974年5月开工，1976年12月建成
泸州天然气化工厂	四川泸州	美国、荷兰	30/48	20642万元	1974年4月开工，1977年3月建成
赤水河天然气化肥厂	贵州赤水河	美国、荷兰	30/48	17185万元	1976年1月开工，1978年12月建成
云南天然气化工厂	云南水富	美国、荷兰	30/48	18759万元	1975年1月开工，1977年12月建成

资料来源：国史网，2014年11月5日。

毛泽东的三个世界划分理论，对于中国在新的世界形势下如何进行对外开放和经济技术合作提供了重要的理论依据和思想引领作用。在这个基础上，到 20 世纪 80 年代邓小平对世界形势作出新的判断，他认为和平与发展是世界的主流，在东西方冷战中，局部冲突不可避免，但大的战争威胁不存在。这与 70 年代初毛泽东提出三个世界划分理论的时候有了重大区别。毛泽东提出三个世界划分理论时，仍然强调战争危险，他对战争的风险依然看得很重，甚至提出，全党都要学习军事，准备打仗，这是他对世界形势的基本判断。到 80 年代，邓小平等第二代领导人判断世界大战打不起来，世界潮流是和平发展，要抓住这个难得的战略机遇期搞经济建设，而且有条件搞对外开放。向谁开放？邓小平果断提出，开放主要是向西方发达国家开放，特别是向美国开放。这是 80 年代以后我们对外开放能够迅速发展的一个基本依据。到 90 年代以后，江泽民、胡锦涛等党的领导人对世界形势的判断是，以美国为首的西方国家，为了扩大跨国垄断资本的全球势力和利益，极力鼓吹和推动贸易自由化，各国从自身的利益考虑也都纷纷参与以西方国家主导的经济全球化。这个新的世界大潮流给予了中国更大的战略机遇，中国只有把开放的大门开得更大并积极参与经济全球化，才能赢得更大的开放红利。所以中国顺势而为加入了世界贸易组织，进一步推动了中国全方位的对外开放。形成了新中国成立 70 年中后 30 年对外开放和经济建设方面更辉煌的成就。党的十八大以来，以习近平为核心的党中央坚持统筹推进"五位一体"总体布局，协调推进"四个全面"战略布局，以供给侧结构性改革为主线，全方位提升我国开放型经济水平，先后提出了"完善互利共赢、多元平衡、安全高效的开放型经济新体系"，"构建开放型经济新体制"，以及共建"一带一路"倡议，形成东西互济、海陆连通的对外开放新格局，在全国部署了 18 个自由贸易试验区，从而把我国对外开放提高到一个崭新的阶段。

当中国经济总量跃升为世界第二之后，引起了美国当权者的极大忌惮，他们开始把中国视为战略竞争对手。2016年特朗普上台后，迎合美国极右势力和民粹主义的利益诉求，推行单边主义和贸易保护主义，对中国和其他国家挥舞贸易战的大棒，经济全球化遭遇逆流。对此，习近平总书记敏锐洞察世界形势的新变化，在2017年12月指出："放眼世界，我们面对的是百年未有之大变局。"尽管世界处于百年大变局中，但时代潮流没有变，新兴市场国家发展势头没有变，中国对外开放的政策没有变。正如习近平总书记2019年10月25日与巴西总统博索纳罗会谈中所指出："当今世界正经历百年未有之大变局，但和平、发展、合作、共赢的时代潮流没有变，中国、巴西等新兴市场国家整体崛起的势头没有变，中方从战略高度和长远角度发展中巴关系的政策没有变。"处于这样一个大变局中，我们仍然处在大有作为的战略机遇期，我们的基本理念仍然是构建开放性世界经济和构建人类命运共同体。我们应对百年大变局的基本方略仍然是坚持全方位对外开放，来应对现在的贸易保护主义和经济全球化中的逆流。2020年全世界都遭受了新冠肺炎疫情的严重冲击，世界经济深度衰退，国际贸易投资大幅萎缩，国际金融市场动荡，国际交往受限，经济全球化遭遇逆流，一些国家保护主义和单边主义盛行，地缘政治风险上升。习近平总书记深刻分析了世界形势的新变化，指出我国将在一个更加不确定不稳定的世界中谋求发展，但我们要站在历史正确的一边，坚持多边主义和国际关系民主化，以开放、合作、共赢的胸怀谋划发展，坚定不移推动经济全球化，朝着开放、包容、普惠、平衡、共赢的方向发展，推动建设开放型世界经济。在处理对外开放和国内经济建设关系上，我们的战略是，逐步形成以国内大循环为主体，国内国际双循环相互促进的新发展格局，培育新形势下我国参与国际合作和竞争新优势。2020年6月1日中共中央和国务院公布了海南自贸港建设方案，这既是我国向世界表明继续扩大开放的明确信号，也标志着我国对外开放将进入高质量发展的新阶段。

  总结新中国70年我国对外开放的一个基本经验就是，我们要对世界形势作出科学和准确的判断,这是我们制定对外开放战略和政策的基本出发点,也是我们在实行对外开放和发展对外经济贸易与技术合作中,把践行独立自主、自力更生方针具体化的基本依据。

(作者单位:中国社会科学院经济研究所)

中国居民收入差别变动与分配激励体制改革

陈宗胜

总结我国四十多年改革开放成就时,除了总结经济发展成就以外,更重要的是要回答中国居民的收入分配差别是如何变动的,是发生两极分化了还是大致适度。这是评价改革开放成就的重要指标,也是社会各阶层民众最为关心的事情。关于中国居民收入差别程度和变动轨迹的研究,一直是经济学家们长期高度关注的问题。但在改革开放初期,除了世界银行报告中关于中国居民收入的基尼系数的零星估计外,我国学者对差别程度的测算及变动方向预测,比如中国居民收入差别的变动趋势是直线形的、波浪形的,或者可能没有什么类型,几乎没有人涉足。

直到20世纪80年代末,关于"公有经济收入分配差别倒 U 假设"的理论提出之后,关于中国收入差别的测度才逐步受到更多关注,特别是2000年前后至今国内外大量文献开始关注和考察中国居民收入差别的变动。其中利用改革开放后四十多年特别是2008年前后中国居民收入差别资料进行的研究中,包括笔者在内大多数研究都肯定地发现了"倒 U 现象",其中有学者对收入差别下降的成因进行了多侧面的分解分析,得出收入差别已经超过最高点转而开始下降的判断,且已成为越来越多学者的共识。

依据国家统计局公布最新资料测度的居民收入差别结果分析,中国居民收入分配的结果均等状况正逐步改进。以经济学语言表述就是,我国居民收入差别已越过中国公有经济发展中收入差别可能达到的顶点或拐点,虽然下降幅度还不大,收入差别程度仍然较高,但已经进入下降通道，收入差别在波动中逐步下降，已经是无可争辩的事实。全国居民总收入基尼系数从1978年的0.343逐渐扩大到2008年的最高值0.491；之后持续下降到2019年的0.422，比拐点值低0.069，下降14%；城镇居民收入基尼系数从1978年的0.175，经几个"阶梯"上升到2005年的高峰值0.342，之后于2018年下降至0.339。农村居民收入基尼系数出现转折较晚，从1978年0.281曲折上升到2011年0.384（年均上升约1%），然后小幅下降后于2018年又上升到0.392，似乎仍在扩大。城乡之间的收入差别以城乡收入比表示，从1985年的1.89上升到2010年顶点3.23，然后下降到2018年的2.685；地区差别扩大始于1984年，以泰尔指数计于2009年达到最大为0.176，之后逐步下降于2017年至0.139。由此可见，除农村情况外，中国居民收入差别的各主要的衡量指标都越过最高点，在波动中缓慢进入下降阶段。

总之，以上多侧面的数据表明，我国居民收入差别从时间上已经越过了以往的最高点转而持续下降。由此，则可进一步分析收入差别基尼系数与人均经济增长水平之间的关系。从四十年来我国居民收入差别关于经济发展水平（从300美元到10000美元）的变动过程考察，就是以人均GDP作为主要影响变量而对收入差别进行回归分析。结果表明，经济发展中各主要侧面的收入差别，的确都呈现先升后降的"倒U形状"，其中，总收入差别曲线最高点时基尼系数为0.51，由土地集体所有主导的农村居民差别曲线的最高点时基尼系数为0.40，由国有经济主导的城镇居民差别的最高点时基尼系数是0.36，而由两种不同公有经济主导的城乡间差别的顶点时基尼系数是0.30。这展现了公有经济社会制度背景下中国经济发展与改革开放，对居民收入分配差别变动的制约和影响。

中国居民收入差别整体上越过最高点转而下降的事实，可能证实和证明了我在改革初期提出的"公有经济收入分配倒U理论"。即在我国公有经济主体与按劳分配制度条件下，在由城市国有和农村集体所有主导的二元经济向现代一元经济转换过程中，由于受不同公有经济制约的城乡内部收入差别、城乡间差别和城镇化提高，以及劳动差别、公有积累、社会保障及市场化改革和非公有部门的共同制约，总收入差别及其主要构成部分的变动，可能呈现出先期上升然后转而下降的特征性"倒U形"变化。对比可见，"公有经济收入分配倒U理论"的基本内容，同以上所述中国改革与发展中居民收入差别变动的事实完全一致。因此可以明确说，"公有经济收入差别倒U假说"的客观性或规律性，已经得到中国四十多年的改革发展与收入差别的事实的证明。

需要进一步解释一下导致了收入差别的下降的原因。可以概略归纳为四大因素的变动所致。首先，中国经济总量持续增长拉动了中产阶层的扩大，导致收入差别转而下降。在四十年的改革开放中，虽然收入分配格局还远未达到理想的"橄榄形"，但已经从"金字塔形"演变为"葫芦形"，表明中产阶层人口比重虽未足够大但却呈现较快增长，因而促使总收入差别转而逐步下降。其次，增长与发展因素带来的涓滴效应，达到一定程度促使收入差别转而缩小。在我国城乡二元公有经济发展过程中，劳动力资源的城镇高效再配置，以及农村劳动生产率的提高，均导致了总体劳动收入份额的上升，由经济发展和总量扩大带来的就业、加班及兼营兼业机会，特别是分工深化、科技进步、效率提高自动带来的收入增加，等等，达到一定程度后均会导致收入差别下降。再次，若干制度变革因素呈现出缩小差别的结果：一是全国城乡公有资本积累的均等化效应加强，而"混合经济"近些年的规范发展与调整中也产生了降低差别的积极作用。二是我国实行按劳分配为主和按要素贡献分配结合制度，劳动收入始终占居民收入主体，资本收益占比很小，而劳动者的人力资本分布趋于平等化，也导致收入差别下降。三是以公有制为基础的省区间大规模社会转移支付，为区域差别降低提供了条件，而居民社会保障体制的完善与加强，均是令人瞩目的引导收入差别下降的力量。四是两种公有制为背景的二元户籍制改革，推动农村劳动非农化及城镇化，引致城乡差别下降，从而总收入差别下降。最后，若干政策举措产生的收入差别下降效应。如打击腐败、打击非法收入、规范非正常收入、限制市场推高的收入、精准扶贫，等等。所有这些都限制了富裕阶层，提升贫困阶层，缩小收入差别。总而言之，以上几大方面因素都是导致收入差别转而下降的制约因素，即于人均GDP 5000美元上下，中国居民收入差别各主要指标越过最高点，转而进入缓慢的下降阶段。

进一步从根本上考察，中国居民收入差别能够整体上越过最高点转而逐步缩小，是中国四十多年改革开放推进制度改革与经济发展的结果。我国推进四十多年改革开放的实质是什么？可能有多种角度和理解。我认为社会主义现阶段以人民为中心的分配体制和激励制度的改革，是首要的、根本的。从改革开放全过程看，正是从农村到企业、从沿海到全国的分配体制和激励制度改革，以适度扩大的差别激励中国人民发奋努力发展经济，推动中国经济取得快速发展，而经济发展的结果作为基础支持实现了不同时期的分配目标。从理念方面说，就是邓小平在改革之初即提出的"先富后富理论"：即允许一部分人、一部分地区先富裕起来，然后先富带动并帮助后富，实现共同富裕。"社会主义的本质，是解放生产力，发展生产力，消灭剥削，消除两极分化，最终达到共同富裕。"中国四十多年波澜壮阔的改革进程，是邓小平"先富后富理论"的实践结果。

具体地说，改革开放的核心任务，就是以人民为中心适度适时协调公平与效率的关系，把马克思主义分配理论中国化本土化，建立起适合中国国情的分配制度与激励体制。这个"摸着石头过河"的渐进过程中各个阶段的标志性"石头"都体现在改革重点上：第一步在改革开放初期主要是恢复贯彻按劳分配。逐步纠正"文化大革命"时期形成的平均主义机制，贯彻按劳分配，强调物质利益刺激。虽然"劳动"内含已经有所变化，但对促进经济发展起到重大刺激作用。第二步主要是扩展劳动内涵并支持合法非劳动收入。即首先把家庭劳动（农户）、经营劳动以及科技、研究、管理、脑力劳动等，都纳入按劳分配标准，而不是单纯强调劳动工作"八小时"。

同时承认合法运用资本和雇佣劳动的经营方式，以及相应地得到非劳动收入的正当性。第三步强调按劳分配为主体，并承认"多种分配方式"。第四步明确提出"按劳分配与按生产要素分配相结合"，即与公有制为主体的"混合经济"相适应，提出公有制经济实行按劳分配，而非公有经济按生产要素分配。第五步则逐步调整初次分配与再分配的职能，强调都要处理好效率和公平的关系。第六步从党的十八大至今，在坚持"按劳分配为主""完善按要素分配"的基础上，强调公平分配、适度增长，理顺分配秩序、补齐各种短板，如完善社会保障、脱贫攻坚、乡村发展、区域协调等，将分配不均与发展不平衡相结合。

总之，在四十多年的改革开放中，我国坚持以人民为中心推进分配激励体制及相关制度改革，其"摸索"过程中的阶段性"石头"（路标）比较清晰，从落实并扩展按劳分配、认可非劳动收入和多种分配方式，直到明确按劳分配与按要素分配结合，效率优先兼顾公平；再到调整初次和再次分配职能、缩小收入差别，理顺分配秩序、补齐各种短板，以及将分配不均与发展不平衡相结合，公平优先兼顾增长，等等，可以说这正是坚持以人民为中心，把马克思主义分配理论逐步中国化，建立中国特色分配激励制度的过程。正是这些战略举措、经历和经验，导致了中国经济增长与发展的成功奇迹，同时也导致居民收入分配差别先期逐步上升，而近十多年来逐步缩小，成功避免了严重的两极分化。

简括地说，本文基本结论是，四十多年改革开放中我国特色社会主义经济发展取得举世瞩目的辉煌成就，同时居民收入差别各主要指标已经由扩大转而逐步下降，已经进入下降通道，收入分配结果不均等开始改进；虽然下降幅度较小并时有波动，居民收入差别程度仍然较高，但是下降趋势是明显可测的，可能仍会有小幅波动与反弹，但各种指标表明此趋势是可持续的。于是，"公有经济收入分配倒 U 理论"由假说变为科学的实证结论；也证明改革开放总设计师邓小平"先富后富、共同富裕"理论的有效性和正确性；从而证实中国举世瞩目的改革开放取得了成功。当下中国居民收入差别下降幅度较小、差别程度依旧较大的主要原因，与我国传统二元体制导致严重机会不均，仍需要大力改革有密切关联。所以，当前最重要的是在加速改革二元社会制度的过程中，着重强调发展政策，真正持续优先振兴农村经济，推进城乡一体化，从而逐步消除二元结构，缩小城乡、地区差别，降低总体差别，加快实现现代一元发达经济，完成民族复兴，实现共同富裕。

（作者单位：南开大学中国财富经济研究院）

关于我国现阶段基本经济制度属性的再认识

蔡继明

改革开放以来，对我国现阶段基本经济制度的属性的认识不断深化。

我国 1982 年制定的宪法第六条规定，"社会主义经济制度的基础是生产资料的社会主义公有制，即全民所有制和劳动群众集体所有制"。

1997 年召开的党的十五大指出：社会主义初级阶段的基本经济制度是公有制为主体、多种所有制经济共同发展；在法律规定范围内的个体经济、私营经济等非公有制经济，是社会主义市场经济的重要组成部分。

根据党的十五大的精神，1999 年修正的宪法第六条规定：国家在社会主义初级阶段，坚持公有制为主体、多种所有制经济共同发展的基本经济制度，按劳分配为主体、多种分配方式并存的分配制度。第十一条规定：在法律规定范围内的个体经济、私营经济等非公有制经济，是社会主义市场经济的重要组成部分。

我国一些学者之所以一直认为社会主义基本经济制度就是公有制，所谓公有制为主体、多种所有制经济共同发展仅仅是社会主义初级阶段的基本经济制度，而非公经济也仅仅是社会主义市场经济的重要组成部分，不是社会主义经济的重要组成部分，恐怕就是以上述此作为法律和政治依据的。[①] 这种传统观点存在着如下问题：

---

① 见刘国光《关于社会主义初级阶段基本经济制度若干问题的思考》，《经济学动态》2011 年第 7 期；卫兴华《有关中国特色社会主义经济理论体系的十三个理论是非问题》，《经济纵横》2016 年第 1 期；卫兴华《中国政治经济学蕴含的根本原则》，《北京日报》2016 年 2 月 29 日；周新城《中国特色社会主义与马克思主义基本原理的关系——兼论关于我国社会主义初级阶段基本经济制度的若干认识问题》，《中国延安干部学院学报》2011 年第 2 期；《关于社会主义基本经济制度问题的若干思考》，人民网强国论坛，http://bbs1.people.com.cn/post/2/1/2/173982779.html。

一是割裂了社会主义初级阶段与社会主义的内在联系：一个社会的初级阶段与高级阶段只有发展水平和成熟程度的不同，绝无本质的不同。社会主义初级阶段是社会主义社会的初级阶段而不是其他社会的初级阶段，社会主义高级阶段还没有到来，我们不能用150多年前经典作家对未来社会的设想来构建社会主义高级阶段的模式并以此来铸造社会主义初级阶段的现实，未来社会主义高级阶段的基本经济制度只能是现实社会主义初级阶段基本经济制度的逐步成长完善的结果。

二是割裂了社会主义市场经济与社会主义经济的内在联系：辩证唯物主义的范畴是内容和形式的统一：没有无内容的形式，也没有无形式的内容。社会主义基本经济制度必然采取一定的运行形式：改革开放前单一公有制和按劳分配的社会主义采用的是高度集中的计划经济体制，改革开放后公有制为主体多种所有制经济共同发展的以及按劳分配为主多种分配方式并存的社会主义采用的是市场经济体制，现阶段中国特色的社会主义是与市场经济内在地联系在一起的，在社会主义市场经济之外，并不存在抽象的社会主义经济。所以，非公经济既是社会主义市场经济的重要组成部分，自然也就是社会主义经济的重要组成部分。

三是违反了马克思主义一般与特殊的辩证法：社会主义基本经济制度与社会主义初级阶段基本经济制度是一般和特殊的逻辑关系，社会主义初级阶段基本经济制度只能是社会主义基本经济制度的特殊表现，其所有制结构不应该含有社会主义基本经济制度一般规定中所没有的成分。如果我们把社会主义分成初级阶段和高级阶段，两个阶段的基本经济制度本质上应该是一样的，差别仅仅在发展水平和完善程度有所不同，而社会主义基本经济制度正是包括初级阶段和高级阶段在内的整个社会主义时期的基本经济制度。

早在2000年，周叔莲教授就对非公有制经济不是社会主义经济的重要组成部分的观点提出质疑，认为社会主义与中国特色社会主义的关系，也是一般和特殊的逻辑关系，后者只是前者的特殊表现形式，而离开了社会主义特殊（具体）的表现形式，一般社会主义也不可能存在。① 我自2005年以来也一直把公有制为主体多种所有制经济共同发展（概括为公有制为主体的混合所有制）、按劳分配为主多种分配形式并存（概括为按生产要素贡献分配）以及社会主义市场经济确定为我国社会主义基本经济制度。②

党的十九届四中全会指出："坚持和完善社会主义基本经济制度，推动经济高质量发展。公有制为主体、多种所有制经济共同发展，按劳分配为主体、多种分配方式并存，社会主义市场经济体制等社会主义基本经济制度，既体现了社会主义制度的优越性，又同我国社会主义初级阶段社会生产力发展水平相适应，是党和人民的伟大创造。"

党的十九届四中全会对社会主义基本经济制度的新概括实现了两大突破：其一是突破了过去只把公有制为主体、多种所有制经济共同发展界定为社会主义初级阶段基本经济制度、非公经济仅仅是社会主义市场经济的重要组成部分的认识，明确界定公有制为主体、多种所有制经济共同发展是社会主义基本经济制度；其二是将按劳分配为主多种分配方式并存和社会主义市场经济体制纳入社会主义基本经济制度范畴，突破了以往只承认公有制是社会主义基本经济制度的认识。这是对我国改革开放40年来社会主义基本经济制度重大变革的科学总结和高度概括。

要全面把握党的十九届四中全会对我国社会主义基本经济制度的新概括，需要正确理解两个关系：

一是要揭示价值创造和价值分配的关系。被党的十九届四中全会列入社会主义基本经济制度的按劳分配为主多种分配方式并存的

---

① 见周叔莲《非公有制经济是不是社会主义经济的重要组成部分》，《当代经济研究》2000年第4期。
② 参见蔡继明《中国的经济转型：从体制改革到制度创新》，《天津社会科学》2005年第5期；《从体制改革到制度创新——中国改革开放30年的最大成果》，《中国金融》2008年第7期；《从体制改革到制度创新思考与启示》，《经济学动态》2008年第9期；《论我国现阶段基本经济制度属性》，《郑州轻工业学院学报》（社会科学版）2017年第2期；《我国经济体制变革历程及其理论分析》，《改革》2018年第6期。

分配制度，党的十六大曾将其概括为各种生产要素按贡献参与分配的原则，党的十七大将其提升为生产要素按贡献分配制度，而党的十八大和十八届三中全会、五中全会以及党的十九大和十九届四中全会都进一步强调要健全和完善劳动、资本、土地、知识、技术、管理、数据等生产要素由市场评价贡献、按贡献决定报酬的机制。这就意味着承认生产要素按贡献参与分配就是承认价值的创造与价值分配的一致性，如果资本、土地、知识、技术、管理、数据等非劳动生产要素是按贡献参与分配的，其非劳动收入就不等于剥削。

二是要厘清私有制和剥削的关系。传统的社会主义理论之所以强调要消灭私有制，因为把私有制与剥削当成了孪生兄弟，认为私有制必然产生剥削，剥削又会造成不平等和两极分化，人们反对和憎恨剥削，私有制就成了万恶之源。既然非劳动要素按贡献参与分配不等于剥削，则剥削与非劳动要素私有制就没有必然的联系，判断剥削是否存在的标准是要素报酬与要素贡献是否一致：如果你的生产要素的报酬超过了你的生产要素的贡献，你就剥削了他人；如果你的生产要素的报酬低于你的生产要素的贡献，你就受到了剥削。如此看来，消灭剥削与保护私有财产和发展非公经济可以并行不悖：中国特色的社会主义既要旗帜鲜明地反对剥削，又要理直气壮地保护私有财产和发展非公经济。这就不仅为我们保护私有财产和发展非公经济提供了政策依据，同时也为前述公有制为主体、多种所有制经济共同发展列为社会主义基本经济制度奠定了理论基础。

（作者单位：清华大学政治经济学研究中心）

浅谈新中国成立70年来就业
和收入分配的成就

张车伟

我谈一下就业和收入分配。既然是70年的总结，那就需要放到一个更大的尺度上去看待和衡量。昨天我和一个美国教授谈话，他说听我在印度待过一年，就问我认为印度能不能赶上中国？我当时非常明确地回答他说赶不上。他说为什么？我说中国的发展和印度的发展不在一个轨道上，它有几个问题跟中国完全不同。

第一个原因就是劳动力素质问题。印度到现在为止，它的女性一半以上是文盲，男性中文盲比例也非常高。所以看起来人口很多，好像也有人口红利，但是从资本的角度看，并没有构成有效生产力。这样一个情况，我90年代在印度的时候体会非常深刻。当时我国正好是引进外资的高峰，印度人说中国和印度差不多，为什么外资跑你们中国不跑印度？我说印度的受教育程度太低，外资来印度的雇佣成本比发达国家都高，所以资本家不去，这是第一个原因。

第二个原因是土地所有制问题。印度的生产资料，特别是基本生产要素的成本太高。这是因为印度的土地是私有制，垄断在少数富人手里，所以基础设施的建设成本太高。基础设施提供了一个国家基本的价值体系的基础，如果这个基础设施很差，成本很高，这就抬高了整个国家经济发展的成本。印度的基础设施一直起不来，和它的收入分配的基本制度有直接的关系。基础设施给国家带来的收益，富人拿走的部分太多。所以从这个角度来说，印度和中国的发展不在一个轨道上，印度赶上中国这个问题不需要过多讨论。

从这个意义上延伸出来，我们国家 70 年的重大成就是什么？首先，人的因素还是很大，这就是就业和分配两方面的课题。我们看到现在的成就很大，GDP 是全世界第二，但是实际上改革开放前 30 年，已经为我们今天的市场经济的大发展奠定了非常雄厚的基础。从经济学原理出发，我思考过这样一个问题。我们今天所体现出来的财富效益或者从财富 GDP 的角度来说，数字规模很大，但是，这也并不完全是改革开放以后的成就。某种程度上，这是我们在计划经济体系下所积累的增长因素，在市场经济环境下抬高了价格的结果，只是改革之前这个结果没有体现在市场表述的价格体系上。

比如说，我国过去人力资源已经很好，我们普及了中学教育，但是劳动力价格非常便宜，我国的人均收入很低，1978 年城镇居民人均收入只有 343 元，农村只有 133 元。在计划经济下，土地很不值钱。劳动力、土地的成本都非常低廉。现在 GDP 中很大一部分的财富是土地的增值，所以现在的经济成果很多表现的是价格的效率，而不是真正创造出来的财富。所以从这个意义来说，我们今天的发展一定不能割裂改革开放前和改革开放后的关系，今天的成就一定要站在我们自己发展的轨道上进行认识和总结。

回到就业。新中国成立 70 年，一个重大的成就就是体现在就业上。过去我们自己觉得，虽然是计划经济体制实现了充分就业，但是搞垮了经济。改革开放后在短短的 40 年里，我们实现了就业形势的稳定，而且正在往一个更好的方向上发展。我们解决了国有职工下岗的难题，失业率一直稳定在很低的水平上，接近自然失业率。剩余劳动力基本消失，数以亿计的农村转移人口实现了非农就业，成为企业的雇员。他们不仅得到了工资，还有各种社会保险作为后盾支撑。广大普通劳动者的工资水平不断提高，而且拥有各类技能的劳动者都得到了尽可能合理的回报，一些科技人才的劳动报酬非常可观。我们培养了一大批具有更高素质的劳动者，这使得我国在战略性和高科技的经济领域的国际竞争中不断提升到更高的位置。

这里仍然可以看中国和印度的比较。雇员就业就是组织化、公司化、现代化的就业，雇主和雇员之间的责权利分得很清楚，无论是经济效率，还是就业的安全性和稳定性上都要远远好于传统的自雇就业和非正规就业。雇员就业占全部就业的比例，也就是雇员化率，我国这些年增长得很快。这是一个经济体是不是发达、劳动力市场是不是成功的重要标志。OECD 国家的雇员占就业的比例为87%，美国是 90% 多。中国 1978 年的时候是 30%，2019 年已经超过了三分之二，现在每年以一个百分点的速度在增长。还没有实现雇员化的主要是农户和个体户。雇员化率提高，就意味着经济社会体系的组织化程度不断提高。反观印度的这个指标，基本上没有变化。这意味着印度就业更多体现为他们的农民进城以后，更多是非正规就业，达不到组织化、公司化的就业质量和水平，说到底是经济发展的制度成本和要素成本都过高，组织化程度上不去。而游走在法律边缘的甚至非法的经济活动才能降低成本到可接受的水平上。从这个意义来讲，再回到刚才的问题，中国和印度的比较不在一个轨道上。

再谈一下收入分配。新中国成立 70 年以来，我们在收入分配领域取得的一个重要成就，就是建立和完善了基本分配制度。我国的分配制度是按劳分配为主体、多种分配方式并存，这也是社会主义基本经济制度。它既体现了社会主义制度优越性，又和我国社会主义初级阶段社会生产力发展水平相适应。这集中表现为我国居民的收入不断地提高，经济发展的成果不断地分享到全体国民。同时，我国的积累率也很高，企业也有很多盈余，政府也有足够的财力提供国防、教育、水利、卫生等公共产品，经济发展的后劲很足，实现了积累和消费的很好的平衡。

在按劳分配方面，我们知道，劳动报酬是分散的，资本报酬是集中的。我国以按劳分配为主体分配制度，就意味着我国的收入不会过于集中，收入差距不会特别大。近年来，收入差距拉大的问题各方都比较关注。对于这个问题，我们要客观地看待，收入差距过大和过小都不利于长期的经济发展。

首先，是不是说现在的收入差距在各个领域都比改革开放前的收入差距大很多？我们知道，改革开放以前的个人收入分配制度是一种高度集中的计划分配制度，在传统的公有制和计划经济条件下，工资分配实行的是单一型的略有差别的平均分配，并没有真正贯彻按劳分配原则，这造成我国的个人收入平均化趋势极为明显。据统计，1978年，城市的基尼系数为0.16，属于绝对平均范围，农村的基尼系数为0.21，属于比较平均范围，均远低于0.3—0.4的相对合理范围。但是，从更为宽泛的福利角度来看，住房、秘书、警卫、司机、专车、勤务、保姆、厨师、特供、医疗、教育各个方面的分配，在各阶层之间存在较大差距。从这个意义上说，改革开放前居民收入差距的真实情况可能并不像基尼系数显示的那样小。

其次，适当的收入差距是按劳分配的题中应有之义。合理的收入差距是不同劳动者劳动贡献大小多少的表现。过去有一段时间，干不干一个样，干多干少一个样的大锅饭问题极大地打击了劳动者的积极性。这种现象不能再发生。我们中华民族是一个勤劳的民族。过去有一段时间，我们是在温饱线上不得不勤劳，现在我们已经达到了小康社会，正在奔向富裕社会。合理的收入差距，保护了劳动者的积极性。

再次，过大的收入差距需要得到抑制，也得到了抑制。过去有一个阶段，我国的收入差距比较大。有统计说基尼系数达到了0.45，也有的说达到了0.6，总之是比较大的。这个局面主要是两方面原因。一是认识问题。加入WTO之后，经济增长太快，房地产价格异军突起，社会上对这一形势的看法并不一致。有不少观点还是希望先让经济增长起来，先把蛋糕做大。毕竟这样好的经济增长形势是很难得的，尽量不要去阻碍它。二是行动问题。很多必需的调节收入差距的制度没有跟上来，个人所得税、养老、医疗、失业、低保等一系列调节收入差距的制度，都需要一个完善的过程。实际上我们目前还在摸索市场化的调节房地产价格的方法。经过这些年的努力，我们把收入差距控制住了，国家花了很大的力气进行收入差距调节。居民可支配收入中,有20%就是政府的调节性收入。从国家统计局的数字来看,至少基尼系数没有再出现明显的上涨趋势,而且还在逐步下降。

总而言之,新中国成立70年以来,我们不仅解决了数亿人的就业问题,并且达到了较为合理的分配格局。两方面的工作都在往更好的方向上发展。虽然还存在着这样那样的问题,但都是前进中发展中的问题,都能够在继续前进和发展中得到解决。

(作者单位:中国社会科学院人口与劳动经济研究所)

新中国70年经济学创新与发展

经济学的范式演进和世界经济新格局

金 碚

我们上一场讲70年经济建设的成就,这一场主要围绕经济学创新。我想探讨一下经济学发展的底层逻辑,即从范式变革的层面上看待经济学的演进过程。

在改革开放以来中国经济学基本上是两套思维,两套经济学范式。第一套范式是承认经济社会是发展的过程,发展轨迹完全符合当年马克思所刻画的经济社会发展阶段论,这可以称为史观范式,其学术呈现就是政治经济学体系。第二套范式是改革开放以后我们所吸收的西方主流经济学的范式,即微观—宏观范式,它不再是史观范式,而是基于抽象假设而推演出来的学术体系。那么,我们现在研究中国特色社会主义市场经济,应该采用什么学术范式呢?

我们简单回顾一下经济学的发展过程。古希腊的时候,"经济"这个概念的基本含义接近于"家庭管理",着眼于解决小单位怎么进行管理的问题。中文的"经济"含义:"经"就是经营,"济"就是过河,"经济"就是想办法解决问题。要解决所面临的很多问题,主要靠什么?最重要的就是要有财富。怎么才能够获得财富呢?什么叫财富呢?如何才能创造出财富呢?所以,经济学就是产生于对财富的研究,而且首先要跟当局者讨论这个问题。这就有了"政治经济学",它试图告诉国家当局者怎么解决国家所面临的问题,即采取什么政策可以使国家富强?这就是古典政治经济学的范式特征。

马克思做了一个非常伟大的学术建树。一方面要发现客观现象的内在规律。另一方面又要以一个"看起来是先验的结构"进行表述，即用演绎逻辑的方式推导出整个学术体系。也就是说，从本质上说马克思的经济学是史观范式，但以抽象演绎的表述方式来阐释。这就是《资本论》的体系。

此后，美国经济学家马歇尔在1890年出版了《经济学原理》，抽象掉了古典政治经济学中的史观因素，完全从抽象假定，即"经济人"出发，进行逻辑推演，形成经济学的体系。他实际上借鉴了牛顿物理学，将经济世界想象为绝对的均质空间。微观经济主体（经济人）如同"粒子"，为追求自己的最大利益，在这个空间中进行交易，实现"局部均衡"。从此以后大学里才有了经济系，这个阶段的经济学叫新古典经济学，实际上就是采用了微观经济学范式（抛弃了古典政治经济学的史观范式）。在微观经济学的范式框架里可以假定没有货币，或者认定货币的作用是中性的，仅仅起交易媒介的作用，而对经济均衡不产生实质性影响。后来，人们发现情况不是这样的，经济体系是可能不均衡的，而且会产生总体上的产能过剩危机。这就产生了宏观经济学范式，即大家耳熟能详的凯恩斯理论。其基础是货币非中性论，即承认人对货币是有另外的偏好的。凯恩斯把货币这个因素注入经济学系统中，承认市场经济可能产生总体上的不均衡，必须进行宏观调控。凯恩斯在1936年发表《通论》，1948年，萨缪尔森出版《经济学》，形成了目前仍然居主导地位的微观—宏观范式（新古典综合）。

改革开放以后，在中国最有影响的就是萨缪尔森的《经济学》教科书，他的范式确实很强大。实际上成为我们理论经济学、应用经济学的默认范式。连政府也讲微观、宏观、微观搞活、宏观调控等。总之，这个学术范式是有很大影响力的，说其为现代经济学的"主流"并不过分。

那么，中国经济发展仅仅用这个东西行不行呢？中国要改革，需要借鉴它，微观要放活，宏观要调控，具有一定的适用性。这就提出一个问题，经济学就只有这一种范式吗？有的经济学家说"是"，他们认为，经济学对于任何国家都是一样的，否则就不是"科学"。

所以，不应该有什么中国经济学派、美国经济学派、德国经济学派，当然也就更不会有什么"中国特色社会主义经济学"了。但是，这样的认识是不符合现实的。

经济学的一个研究方法就是"假定其他情况不变"，实际上就是"不考虑其他因素"。如果这样，经济学就成为一门无视事实的学科。例如，人与人明明是不一样的，但假定他们都一样；企业和企业明明不一样，经济学却假定企业性质都一样。各国的制度、文化明明不一样，经济学却完全视而不见，假定它们都一样。这样的经济学还能解决现实问题吗？

经济学要解决问题，就要发展，要进行范式的变革。即把微观—宏观范式，提升为"域观"范式。在域观范式中，各经济体是区分为不同类型的。每个类型都有其特质特色。所以，第一，经济学要研究和刻画各不同"域场""域境"的质态。第二，经济学要研究具有不同域观特征的经济体如何进行沟通、接轨、合作、融合，形成一体化的经济共同体。所以，经济学发展的过程，是从史观范式开始，到微观—宏观范式，再到域观范式。

现在很多人都在研究中国特色社会主义经济学。中国社会主义建设的丰富实践经验可以为经济学的发展提供极为可贵的学术养分。但如果仅仅停留在微观—宏观范式框架中，是难以进行深入研究的。举一个最简单的例子，在中国经济的域境中，有一个最重要的决定性因素：中国共产党。如果无视这个最重要的域观特征，能解释中国的经济发展吗？只有把史观、微观、宏观范式，进一步提升到域观范式，才有可能形成中国特色社会主义经济学。应该没有人会否定，在研究、解释和刻画中国经济时，或者在建立中国特色社会主义经济学时，中国共产党是一个抽象不掉的域观因素。而世界上的其他经济体是没有这个域观因素的，所以才叫"中国特色"。

经济学几百年来一个突出的特点，就是它的开放性和演化性。只是在微观—宏观这个范式框架中把它封闭了。经济学实际上具有强大的张力。新现象不断涌现，新的研究对象不断产生，新学科以及新的分支学科不断形成，这是经济学学科体系发展的重要表现之一。经济学的体系结构永远处于演化的过程之中，没有止境。经济学的范式不断的变革，在新的范式框架上构建出新的体系和新的学科，这是经济学发展的一个重要特征。

人类研究问题，或者经济学家研究经济现象，唯一可用的思维工具叫抽象，即对复杂的现实进行一定程度的合理抽象。抽象的一端是绝对的具象，就是客观事实，而客观事实是浑然一体而难以把握的。另一端是极度的抽象。人类观察形势和研究问题，总是要在具象和抽象的中间，找到一个平衡点，这就形成了范式框架。没有范式框架，就不可能形成科学的认识和学科体系。所有的经济学家或者是学术共同体，都要有一些基本共识，因而承认一种学术范式框架，才可能进行交流和讨论。史观、微观、宏观，实际上都是关于范式的共识。现在的问题是，这几个范式共识在解决现实问题时，已经不够了。

例如，在中美经济贸易关系的谈判中，如果只承认微观—宏观范式，就意味着，全球经济的"正常状态"是中国和美国的经济质态必须都一样，才是合理的，所以，经济全球化意味着所有国家都西方化，各个国家都必须达到符合自由市场经济的标准，才能被承认为市场经济体（国家），才能真正融入经济全球化。但是，这样的要求实际上是无法达到的，中国经济与美国经济，永远是有质态差别的，即各有其自己的域观特质特征。现在美国人不是这么想的。按照微观—宏观范式思维，美国人的逻辑是，既然你们中国已经搞了市场经济，那么最后你们搞的东西（经济体系）应该跟我们的一样，至少是应该向它的方向收敛，这才是正常的和正确的。如果你跟我不一样，就不正常，就要被制裁。

从学理的逻辑底层看，中美贸易摩擦纠结的就是这个根本性问题。简单地说就是：正常合理的市场经济的状态是只有唯一的一种状态，还是可以有不同的状态？按照域观范式的思维，市场经济可以有，而且必然会有不同的正常状态。美国经济是一种正常状态，中国经济也可以有另一种正常状态（有的美国经济学家称之为"另一种世界"），中国特色社会主义经济，就是市场经济的一种具有域观特征的正常状态。实际上，各个国家，特别是大国经济，都会有自己的域观质态和特征，各种域观状态的市场经济体可以和而不同，形成丰富多彩的经济全球化格局。现在，美国人固执地认为中国跟他们走的是不一样的方向，而且中国和其他的发展中国家也不一样，这是不能被允许的，所以必须制裁。但是，形势终究比人强，中国经济越来越强大，美国纵有再大的力量也不可能把中国变得跟美国一样，所以最终必然会接受"各国经济各具特色"的现实，即承认世界经济的域观性质，具有不同域观特质和特色的各种经济体是完全可以共存共荣的。

（作者单位：中国社会科学院）

市场化的公有制经济是超越资本主义的现代市场经济的新类型

林 岗

新中国成立以来,我国的经济学研究取得了许多重要的成果。尽管一段时间以来西方主流经济学的影响日益增大,但这些成果中对我国的发展和改革推动最大的理论,都是在马克思主义的方法论原则指导下解决我国发展和改革的实际问题的实践中产生的,而不是舶来品,不是运用西方经济学的结果,更不能说是证明西方经济学理论普适性的特殊案例。其实,对于中国特色社会主义经济的发展,西方主流经济学可资借鉴的地方并不多。拿作为西方主流经济学基础的新古典微观经济学来说,它在很大程度上只是象牙塔中学者的"思想体操",实质上并不是一个反映现代市场经济实际的理论。在作为这种理论的总结的一般均衡模型中,货币与一般商品没有区别,可有可无,并不是现代市场经济中人们追求的那种对社会财富的一般索取权。这种理论甚至不包含对利润和其他形式就经济剩余的合理解释,有的只是关于正常利润和经济利润的混乱说法。这种理论中更没有对资本积累至关重要的关于资本循环和周转、社会再生产实现条件以及积累规律的论述。这种经济学描述的是与古老的物物交换相对应的"供给创造需求"的状况,根本解释不了周期地发生的经济危机。既然解释不了现代市场经济的大多数重要问题,这种理论又怎么可能成为作为现代市场经济的一种类型的中国特色社会主义经济的借鉴?然而,这种理论却硬被称为现代经济学,而真正揭示了作为一种现代社会现象的资本主义经济的运行机制和规律的马克思主义经济学,反倒被认为是所谓"古典经济学"。更令人不解的是,许多大学的经济学院,还在用初级、中级和高级微观经济学课程反复地对学生洗脑,而马克思主义政治经济学却被从经济学排挤出去,划入了课时被大大压缩的思政课的范围。

公有制与市场经济结合的理论是改革开放以来我国经济学研究最重要的成果之一。经过40年多的改革,与市场有机结合的公有制经济已经取代传统计划经济而成为中国特色社会主义制度的一个基本特征。公有制能够与市场经济有机地结合起来的结论,产生于以坚持社会主义为前提、以马克思主义经济学的基本原理和方法为指导进行的我国经济改革的实践。这个结论是不可能从西方主流经济学和前些年时兴了一阵的新自由主义理论中引出的。按照西方社会哲学的传统说法,市场经济以私人产权为前提,没有私人产权就没有市场,而私人产权来自人的自私本性。在马克思主义经典作家那里,我们也可以看到私有制是商品经济形成前提之一的论述,这说明任何理论都有自身的历史局限性。但是,根据马克思主义经济学的方法论原则或分析范式,一定经济制度形成的基础是由一定的生产技术和与这种技术相适应的劳动组织构成的生产方式(生产力),而不是自私自利之类的抽象人性。按照马克思的这个分析范式,分工的生产方式是商品经济产生的基础。社会分工基础上的市场交换最初是在私有制条件下进行的,而资本主义是私有制条件下的商品经济的发展的最高形式。分工的持续深化和发展意味着生产的社会化程度不断提高,生产社会化提高到一定程度就与资本主义的生产资料私人占有发生冲突,从而产生了在生产资料占有上实行公有制的要求。但是,即便实行了公有制,由于分工依然是社会劳动组织的普遍方式,不同产品的生产者之间的交换仍然是社会经济正常运转必不可少的条件。同时,在分工的条件下,社会成员个人生存和发展的多方面需要的满足,是以他固定地从事单一和片面的具体劳动为代价的,劳动因而还是个人谋生的手段。由产品交换的必要性和劳动的谋生手段性质所决定,即使是在公有制条件下,遵循等量劳动相交换原则的商品货币关系，也必然是社会经济中的普遍关系，市场也仍然是资源配置的基本手段和决定性机制。这样一个结论，不仅破除了西方经济学关于市场经济只能是私有制经济的符咒，而且也突破了马克思主义经典作家在还未经历社会主义建设实践的历史条件下做出的有关论断，提出了改革根据这些论断在社会主义建立初期实行的传统计划经济体制的历史任务。这个结论是马克思主义经济学理论的具有划时代意义的创新，是发展中国特色社会主义的一项基本指导方针。

公有制经济的市场化主要是通过社会主义国有企业（全民所有制企业）的改革实现的。从改革初期的放权让利、承包经营责任制、所有制结构的战略性调整，经过股份制改造、完善国有资产的监督管理体系，到建立现代企业制度和实行混合所有制，再到做大、做强、做优国有企业和国有经济，公有制经济与市场经济的有机结合的形式在改革中不断完善和发展，市场化的社会主义国有企业制度可以说已经接近成型。国有企业已经由传统计划经济体制下的那种"拨一拨动一动的算盘珠"转变为积极主动的市场竞争主体，国有经济在多种所有制并存的社会主义初级阶段的主导作用得到巩固和增强，在国际金融危机和公共卫生危机的冲击下国有经济对整个国民经济发挥出强大的支撑作用。近些年，国有经济中不少大中型企业的财务指标，包括资本利润率、成本利润率和增加值增长率，都好于许多其他经济成分的企业。在新旧体制的转化刚刚开始的一段时间内，不少国有企业的效率确实不高，但是，如果现在还要把低效率与国有企业等同起来，就不是实事求是的态度了。在2018年公布的世界五百强企业中，中国有一百多个企业进入五百强，其中有80多个是国有企业及国家控股企业。

公有制经济与市场经济相结合的理论和实践，是中国共产党在解决中国的实际问题时创造出来的，而且在这一理论指导下进行的改革实践取得了巨大成功。这引起了西方一些反共反社会主义势力的忌惮，国有企业成为他们用各种手段加以诬蔑、打击和遏制的对象。在国内一些被西方经济学洗脑的糊涂人中，也有不少人将国有企业改革的成功和国有经济的发展说成是"国进民退"，好像公有制经济在一个社会主义国家的发展是弥天大罪。这不能不说是咄咄怪事。不要说"国进民退"本身是个与统计数据相悖的伪命题，而且只要"进"的前提是平等的市场竞争，"国进"即公有制经济的发展，对于一个公有制的主体地位和国有经济的主导作用被写入宪法的社会主义国家来说，难道不是一件好事？何况这种"进"并不以"民退"为条件，相反，很多大型国有企业的配件和生产环节是外包到民营企业的，大型国有企业的发展带动相关民营企业和所在地区经济的发展的事例很多，"国民同进"在实际经济生活中是很常见的。国企与民企之间其实是"共生"关系，而不是你进我退的敌对关系。

这里还要指出的是，一些年来流行的以国有经济整个退出竞争性行业的主张，也是对于国有经济改革方向的误导，其实是一种变相的私有化理论。我们不能把反垄断与私有化混为一谈了。垄断作为一种市场结构，与所有制形式并没有直接的关系。在市场经济中，某些行业中的某些企业由于在规模经济和范围经济、长时期大规模研发投入取得的知识产权、稀缺资源独占、网络效应等方面具有优越地位，从而在生产、交换和价格的形成上具有一定程度的控制力，就会通过市场竞争形成垄断地位。这种情况无论是在公有经济还是私有经济中都存在。事实上，随着反垄断立法的完善，许多因规模经济等技术经济效应而易于形成垄断的领域，竞争已被引入。在这种情况下，退出一切竞争领域，就等于退出除公益性行业之外的几乎一切行业，公有经济的主体地位和国有经济的主导作用将不复存在。此外，我们关于竞争和垄断的视野，不能只局限于国内市场，而应放眼世界。直至 21 世纪的第一个 10 年，与西方国家的许多巨型公司相比，我国的大型国有企业，根本算不上垄断企业。在美国《财富》杂志公布的 2009 年世界五百强企业排名中，我国入围的企业与世界同行业领先企业在规模上的差距很大：石油石化行业中，中国石化、中国石油、中国海油三家企业的年销售收入合计尚不及壳牌石油公司一家；电信行业中，中国移动的营业收入仅为美国电话电报公司的一半；航运业中，中国远洋的营业收入约为马士基的40%；航空设备制造业中，中国航空工业集团的营业收入仅为美国波音公司的三分之一；矿业中，中国铝业的年营业收入仅为必和必拓的30%；钢铁行业中，宝钢的营业收入不足安赛乐米塔尔公司的三成；汽车业中，"上汽"与"一汽"的营业收入总和还不到丰田汽车的四分之一；在标志一国工业技术能力的装备制造业中，当时我国尚无企业入围世界五百强，中国几个主要电气集团的营业额仅为美国通用电气的2.5%左右，约为德国西门子公司的4.4%。在这种情况下，如果以反垄断的名义肢解大型国企，不仅我国的国际竞争力必然被削弱，国家的经济安全将面临威胁。以反垄断为名实行大型国企私有化的错误主张，理所当然地被党和国家所拒绝。《中共中央 国务院关于深化国有企业改革的指导意见》没有将垄断和竞争作为对国有企业分类改革的标准，而是根据国民经济的战略定位和发展目标，结合不同国有企业在经济社会发展中的作用、现状和发展需要，将国有企业分为商业类和公益类，通过界定功能、划分类别，实行分类改革、分类发展、分类监管、分类定责、分类考核，提高改革的针对性、监管的有效性、考核评价的科学性，从而推动国有企业同市场经济深入融合。

习近平总书记在最近发表的《不断开拓当代中国马克思主义政治经济学新境界》一文中指出："要毫不动摇巩固和发展公有制经济，毫不动摇鼓励、支持、引导非公有制经济发展，推动各种所有制取长补短、相互促进、共同发展"，"公有制主体地位不能动摇，国有经济主导作用不能动摇"，要高度重视我国收入分配中存在的一些突出问题，"不断健全体制机制和具体政策，调整国民收入分配格局，持续增加城乡居民收入，不断缩小收入差距"；"要坚持社会主义市场经济改革方向"，"继续在社会主义基本制度与市场经济的结合上下功夫，把两方面优势都发挥好"。这里，习近平总书记在强调

"公有制主体地位不能动摇,国有经济主导作用不能动摇"的同时,还强调"调整国民收入分配格局,持续增加城乡居民收入,不断缩小收入差距"。在现代市场经济中,缩小收入差距的办法之一,是政府对低收入群体实行转移支付。这种办法为西方资本主义市场经济国家所广泛采用,是适应于收入分配以私人产权为根据的社会条件的再分配方式。我国是社会主义国家,但处在社会主义发展的初级阶段,民营或私人经济在较长的历史时期内还具有促进社会生产力发展的积极作用,还会存在和发展,因而政府的转移支付也是我国缩小收入差距的重要手段。但是,根据西方多数资本主义国家的经验,这种手段的作用是有限的,因为私人产权作为收入分配的根据本身就是产生贫富鸿沟的根源。我国是社会主义国家,除了转移支付之外,还有解决社会收入不公问题的另一个更具根本性的办法,即发展公有制经济(包括国有经济和各种形式的集体经济)。在作为主体的公有经济的范围内,没有人能够凭借生产资料的私人所有权获取个人收入,只有本人付出的劳动才是个人取得收入的根据,即实行按劳分配的原则,即贯彻以劳动贡献为尺度的社会公平原则。显然,这个原则的社会覆盖面与贫富差距是反向变化的。如果公有制经济的主体地位不仅体现在资产数量上,而且体现在所吸纳的劳动者的数量上,我国目前存在的较大的收入差距将会明显缩小。据权威人士的估算,现在我国城镇劳动力只有约20%的人口就业于公有制企业,如果这个比例增加到30%—40%,我国不同社会阶层的收入差距将大大缩小,中产阶层的数量将进一步增加。通过发展公有制经济扩大按劳分配原则的社会覆盖面,不仅有利于社会公平,而且对于削弱以致避免经济危机的冲击,对于市场经济条件下社会再生产正常运转,也具有积极作用。我们知道,在资本主义条件下,经济危机发生的原因是资本家对剩余价值的无厌追求,为此资本家总是尽量压低新增价值中工人工资的比重,结果是市场上有支付能力的需求不足,包含在这些产品中的剩余劳动远远超过工人得到的工资代表的必要劳动,资本家占有的大量剩余产品因而卖不出去,从而无法按照等量劳动相交换的价值法则实现其价值和转化为资本家的利润。资本主义经济危机发生的根源就在于此。在公有制经济中按劳取酬是收入分配领域的以劳动为尺度的公平，而等量劳动相交换的价值法则是商品买卖领域的以劳动为尺度的公平原则，这两个领域的公平原则是相通的，都以劳动为尺度。分配上的公平是社会产品通过市场按等量劳动相交换的原则实现其价值的保证。在公有制占主体地位的市场经济中，占人口绝大多数的劳动者的有支付能力的需求与他们在生产中付出的劳动是成比例的，全面的生产过剩危机或总量失衡至少从理论上说是不可能的，而结构性的局部供求失衡是可以通过市场的自动调节消除的。因此，有理由认为，公有制经济比资本主义经济更有利于市场经济发展，应该是超越资本主义的市场经济发展的新类型。

（作者单位：中国人民大学）

正本清源：关于"消灭私有制"的理论辨析

贾 康

大家好！结合我们这个单元的题目，我想强调如下一个认识：经济学的创新和发展，需要做好对马克思主义基本原理的正本清源、继承发展。讨论这种理论问题的背景，就是我们在推进中国现代化的过程中，基于马克思主义社会科学根基的历史唯物论，应当把科学思想的基本原理和基本逻辑，密切联系中国的实践和中国拥抱全球化的当代现实。讨论这样一个题目，显然是很有分量的，因为实际上涉及的是要有思想进一步的解放，落到真正的学术严谨性上。

在此，我比较直率地谈谈这个非常重要的理论问题。前一段时间，有著名高校的资深教授登高一呼"消灭私有制"，说得似乎堂堂正正，没有人敢跟他商榷，因为这是写入《共产党宣言》的，是共产党人的主张提炼出来的最关键的一句话，但在现实生活中却引起了社会上的人心浮动，特别是民营企业的焦虑与惶惶不可终日的思想压力。然而，我们正本清源，做了这方面的学术研究分析后可知，马克思、恩格斯是以德文写作的《共产党宣言》，网上可以搜到，中央编译局也曾正式出版过《共产党宣言》的德文本，其表述不是"消灭私有制"，而是"扬弃私有制"。"扬弃（aufheben, aufhebung）"是马克思主义重要来源之一德国古典哲学里一个非常严谨的用语，它相关的主体不是被消灭，而是主体要得到升华，类似于中国人所说的"取其精华，弃其糟粕""破茧成蝶""凤凰涅槃"，是这样的意思。那么怎么会在中文本里成为"消灭私有制"呢？陈望道先生当年翻译共产党宣言功不可没，中国第一个有影响的《共产党宣言》的中文本,是他依据从英文本翻译而来的日文本翻译的,但这一个术语,在德—英—日—汉的转译过程中译错了。我们指出这一点,并不存在任何贬低陈望道先生贡献的含义,他的译本对于中国革命、对于以后整个中国发展的贡献,历史上自会有定评,但必须得承认,"消灭"这个用语,是中文本的误译。

  回到马克思、恩格斯他们原来的"扬弃"这一表述上,我们也可以说,当代学者还不能拘泥于这个字眼,我们要看马恩的思想体系——马恩在《共产党宣言》里提炼出这么关键的一句话——扬弃私有制之后,在他们更有学术分量的皇皇巨著、代表作《资本论》里,人们都可知道,马克思(其实恩格斯是共同的写作者)非常明确地说,在股份制(这是我们现在称为现代企业制度的代表性形式)出现以后,随之出现了资本的社会化,带来了资本私有制的"扬弃"——请注意这是前述《共产党宣言》里用的同一个词。德文"aufheben"中文里最早的音译为"奥伏赫变",落在"变"上,就是强调它是一个变化,而且这个变化未必就是消灭原来的自身,后来大家接受的一个更带有比喻性的意译,就是"扬弃"——比如说像扬场,把稻谷、小麦做扬场处理了以后主体在哪里呢?主体最关键的部分仍然存在,弃掉的是那些草皮、灰尘、不想要的杂质。这个概念我觉得完全应该进一步地认识和讨论。《资本论》里指出股份制使资本社会化,因而使资本私有制得到扬弃,再往后引申出来的一个最重要的思想指引,是说在资本主义发展成就和联合劳动基础之上,可以"重建个人所有制"——马恩在讲"剥夺剥夺者"的同时,所强调的未来对接《共产党宣言》里所说的"自由人联合体"的理想社会里,基本的所有制关系是重建个人所有制。

  其实我们学《资本论》的人,早就都知道这个概念,但为什么大家讨论这个概念却战战兢兢,或者绕着走,或者非得说它只能解释为生活资料个人所有制的重建?在这里要强调一句:在马克思的思路上,一直讨论的是生产关系和生产资料的所有制,生活资料的所有制不存在重建的问题。马克思所分析的那个"V",就是雇佣工人拿到的自己的收入，该吃的吃，该喝的喝，这才有劳动力再生产，也才能有社会再生产，哪里有什么重建的问题。如果从这个视角来讲，中国马克思主义经济学人，是不是应该在这方面进一步来正本清源，把这个事情说清楚。我们现在所面临的这样一些相关困惑，大家战战兢兢地在这样一个如此清晰的思想指引前面望而却步，视为畏途，不符合马克思主义的科学精神实质。我必须指出，董辅礽老师十多年前已经把这个事情说清楚了，但是学界谁都不敢援引他的看法。我们现在写了全面分析的论文，找了包括社科院的杂志，但杂志方面不敢发。终于，在曾培炎同志当理事长的国经中心的公开刊物《全球化》上发出来了，欢迎大家批评指正。

这样的一个重要的思想，对应到现实生活中的意义是什么？为什么党的重要文件过去已说：股份制是公有制的主要实现形式——如上面这样来讲通以后，这是非常严谨的认识，是继承和发展马克思主义的。现实生活中间，现代企业制度的标准形式——股份制，它是资本私有制的扬弃，带来的是资本社会化的生产关系，可以适应社会化大生产进一步的发展。不论国际国内，现在已越来越普遍的资本社会化背景下社会成员的自主抉择的持股，企业员工的持股，普通劳动者的持股，包括官员的持股，是不是已在现象形态上带有"个人所有制"的直观特征而有望在社会化大生产中继续发展而完善相关机制？与时俱进，理论跟实践的结合应该如此。理论认识上，我们希望它能彻底，使认识彻底这方面，我觉得消灭私有制还是扬弃私有制的辨析，是一个很好的案例。我们如能真正地、正本清源地把握好马克思主义基本原理和它的基本逻辑，那么马恩的思想体系、思想指引，对于我们现在继承和发展马克思主义、开创中国现代化事业和人类命运共同体这个共赢的事业，其光辉是会真的熠熠生辉地表现在中国与世界现实生活中的。这是应该形成的充满生机和活力的马克思主义在当代进一步的思想贡献，我觉得这也是我们中国经济学人应该重视而决不能回避的继续深入探讨的命题。

如果做一个理论表述上的小结，我的基本认识是：我认为"重建个人所有制"的核心与实质,是以股份制为实现形式的"社会资本"即"资本社会化"与私人股权的内洽,其逻辑起点是马克思强调的股份制对于生产资料私有制的"扬弃"。可基于理论紧密联系实际的分析论述指出,这种扬弃应当结合着当代实际生活中股份制的发展,使之成为"公有制的主要实现形式",以及结合混合所有制作为中国特色社会主义"基本经济制度的重要实现形式",来进一步深化认识、积极探索在股份制升级发展中,以"重建个人所有制"的资本社会化带来对资本私有制形成"积极扬弃"的原理与路径,以利中国特色社会主义市场经济的发展健全,以及指导我们在通向共产党人"初心"的未来"自由人联合体"理想社会道路上的长期奋斗。

我和苏京春博士的长篇论文《发展中的股份制:以"重建个人所有制"的资本社会化达成资本私有制的积极"扬弃"——于解放思想中坚持和发展充满生机活力的马克思主义的一个重要问题》公开发表后,已可在"知网"上搜得,欢迎各位查阅和批评指正。谢谢!

(作者单位:中国财政科学研究院)

以空间经济学支撑中国特色主流经济学

杨开忠

空间经济学也称区域经济学、城市经济学、地理经济学、生产（力）布局学，其使命和任务就是将地理空间维纳入经济分析，建立含空间维的经济学理论和方法。可以说，空间经济学是研究经济地理的经济学分支，因此，常常被称为经济地理学，例如，诺奖获得者保鲁·克鲁格曼（Paul Krugman）将其开创的垄断竞争空间经济理论称为新经济地理学。在这里，我想特别指出两点：一是区域经济学有作为空间经济学和作为研究特定区域经济运行之经济学两种定义，前者是区域经济学的正统和主流，后者则是我国学者对"区域经济学"这一术语顾名思义的产物，是非正统和主流的；二是经济地理学历来有作为经济学传统和作为地理学传统的两种含义。作为地理学传统的经济地理学是描述性的，以区划、类型和制图为特征内容，以归纳为基本方法。与此不同，作为经济学传统的经济地理学则是解释性的，以理论和模型为特征内容，以演绎推理为主要方法。因此，当将空间经济学称为经济地理学时，是指作为经济学传统的经济地理学，不应将之与作为地理学传统的经济地理学相混淆。

下面，我想给大家报告三个观点。

第一个观点即中国特色主流经济学体系应以空间经济学为重要支柱。大家知道，社会经济活动整体而言是要落脚到地理空间上的，"在哪里"生产和"为谁生产""生产什么""如何生产"共同构成资源配置的基本问题。对幅员很小、地域分异不明显的国家，"在哪里"的问题显然是无关紧要的，其经济分析和政策轻视甚至无视地理空间因素并不会带来很大的问题。作为西方主流经济学源地的欧洲国家规模小，也许这是造成西方主流经济学长期缺失空间维的重要因素。然而，我国是一个超大规模国家，幅员辽阔，人口众多，区域多样性极为丰富，"在哪里"对于经济活动是十分重要的，甚至是决定命运的。个人和企业为落脚最优区位会发生迁移。政府为促进社会经济会不断塑造经济空间结构，因而新中国成立以来先后实施了沿海内地平衡布局、不平衡布局和区域协调发展战略。这意味着，在我国，没有地理空间的经济分析常常是不切实际的，难以充分解释中国经济运行，也无法为党和国家在这方面的方针和政策提供有效的学理支撑。例如，以往关于"中国经济奇迹"各种经济学解释，忽视了全球化背景下地理国情因素，结果难以令人信服。为了有效描述、分析、解释和指导我国经济运行，中国特色主流经济学应纳入地理因素，重视空间差异和空间互动。从这一点出发，我们提出了"中国经济奇迹"的经济地理解释并引起了比较广泛的关注。目前，我们正在就此建立严谨的经济学模型。总之，中国特色主流经济学不能像西方主流经济学那样忽视空间维，应以空间经济学为重要支柱之一。

第二个观点即我国空间经济学已经基本形成了体系化框架。新中国空间经济学萌芽于改革开放以前，特别是 20 世纪 50 年代苏联援建的 156 个项目宏观、中观、微观布局和 1965 年开始的"三线建设"实践，借鉴了苏联生产布局学理论和实践，内容基本限于生产宏、中、微观布局原则体系。改革开放以来，我国空间经济学逐渐从基于计划经济转变为基于市场经济体制，借鉴了西方空间经济学理论和实践，并大致经历了创立正式学科、接轨国际前沿两个阶段并正在进入探索新方向的新阶段。20 世纪 80—90 年代是创立正式学科阶段。这个阶段随着改革开放深入，一是西方空间经济学理论和方法被大量介绍到我国并在教学、科研和生产实践中开始有所应用；二是在解决我国区域经济实践问题中发展了诸如"中国区域分工转型""空间一体化发展战略"以及强调距离、密度、分割、别具一格四大地理特征（因其英文首字母均为"D"，又称为"4D"论）在发展中的作用等理论的本土学说；三是1989年、1991年分别创立中国区域经济学会、中国区域科学协会，1997年国务院学位委员会在学位专业目录调整中将区域经济学确定为应用经济学的二级学科。21世纪头十年是接轨国际前沿阶段。西方主流经济学20世纪50年代以来不断尝试纳入空间维度，出现了50年代沃尔特·艾萨德（Walter Isard）、60年代威廉·阿隆索（William Alonso）和90年代保罗·克鲁格曼三次较大的冲击波并相应产生了区域科学以及作为区域科学重要分支的城市经济学和新经济地理学。我国空间经济学90年代末开始在理论探讨上接轨国际前沿，新经济地理学、新新经济地理学、复杂空间经济和空间计量经济学随之在中国兴起和发展。纵观70年来的发展，我国空间经济学框架体系已经基本形成。这一框架体系包括了三个方面，即：以垄断竞争模型为代表的空间经济基础理论、以空间计量经济学为代表的空间分析方法和空间政策与规划理论。

第三个观点即亟待发展"新空间经济学"。随着新经济地理学（包括"新"新经济地理学）趋于成熟，2010年以来，空间经济学基本理论创新已处"瓶颈"期，一个重要表现是几乎所有文献均是清一色的实证研究，而有影响的理论研究几近空白。新经济地理学并不标志空间经济学发展的终结，当前空间经济学进入"瓶颈"期预示着新的空间经济学革命，也为我国空间经济学从跟踪向并跑进而领跑国际前沿转型创造了重大机遇。

不同发展方式下的空间经济遵循不尽相同的逻辑，需要不尽相同的理论解释。在初级生产要素驱动的发展方式和阶段，廉价的劳动力土地、原料、燃料、环境服务是区位竞争优势的主要来源，因而发展了斯密（Adam Smith）的绝对成本论、李嘉图（David Ricardo）的比较成本论、赫克歇尔（Eli Heckscher）—俄林（Bertil Ohlin）的要素禀赋学说以及强调地租、运输费用的杜能（Johan Heinrich von Thunnen）的农业区位论和强调运输成本最小区位的韦伯的工业区位论、克里斯塔勒（W. Christaller）和廖什（A. Lösch）的中心地理论等外生空间经济理论；在规模报酬递增驱动（亦称"投资驱动"）的发展方式和阶段，大规模经济是区位竞争优势的主要来源，因而产生了强调规模报酬递增且基于一般产品生产、贸易和消费联系的新经济地理学。改革开放以来，从竞争优势来看，我国经济经历了20世纪80年代至90年代中期的要素驱动型发展和90年代后期的规模报酬递增驱动发展的转变，相应地我们基于比较优势论发展了中国区域分工转型理论、空间一体化发展理论和"4D"论并于世纪之交最终系统兴起了中国新经济地理学。

进入新时代以来，我国经济转向主要依靠创新驱动发展的阶段。在创新驱动发展方式和阶段下，创新是竞争优势的主要来源，知识成为人与人之间竞争的焦点，知识精英凭他们受的专业教育与技术专长成为经济发展的关键。这就提出了空间经济学向何处去的问题。一部分学者自觉不自觉地坚持以新经济地理学阐释创新驱动的知识经济、数字经济、智能经济地理。然而，正如克鲁格曼等许多学者已经指出的，新经济地理学聚焦在经济活动空间集中的有形因素，并不适用创新驱动的知识经济、数字经济、智能经济。因此，亟待发展与创新驱动的知识经济、信息经济、数字经济、智能经济相适应的空间经济学。

近些年来，我和我的团队一直在探索与创新驱动的知识经济、信息经济、数字经济、智能经济相适应的空间经济学。2017年我应邀出席在河北召开的区域经济发展国际研讨会并发表主题演讲，首次公开提出和倡导新空间经济学。其中基本观点，被与会的诺贝尔经济学奖获得者克里斯托弗·皮萨里德斯（Christopher A. Pissarides）教授在紧接我之后发表的主题演讲中给予了十分友好的认同。我们倡导的新空间经济学强调空间经济繁荣、竞争力、创新和人才内生于不可贸易品数量、种类、质量和可及性，也就是"地方品质"。与以往的空间经济学相比，新空间经济学尽管同样认为空间经济过程是一个循环累积因果过程，但以下几个特点是决定性的，即：（1）强调投资追逐人才、知识，而非人才、知识追逐投资；（2）强调不可贸易品部门而非可贸易品部门的决定性作用；（3）强调个人的旅行成本而非单纯的产品贸易成本。当然，新空间经济学还刚刚起步，其成长壮大需要广大同仁的参与和支持。我相信，在大家的支持下，新空间经济学和中国空间经济学将会迎来光辉前景，中国特色主流经济学体系将因此而更加发达。

（作者单位：中国社会科学院生态文明研究所）

新中国 70 年政治经济学的变化

杨春学

新中国成立后的前 30 年,我们对社会主义经济建设进行了具有中国特色的探索,且相应地进行了一些政治经济学的思考。也曾经有过基于中国国情来编写一本社会主义政治经济学的计划和布置,但最终没有结果。可以说,这类理论思考的成果是不显著的,我们在理论上始终未摆脱苏联《政治经济学教科书》的束缚。这本教科书把社会主义经济制度定义为"生产资料公有制 + 按劳分配 + 计划经济"。最近 40 年的改革开放终于让我们在实践和理论上都走上了中国特色的社会主义道路。政治经济学(社会主义部分)经历了一些根本性的转变。其中,最显著的转变至少包括下述三个方面。

第一,政治经济学的主要精力转向对市场化改革和由此而逐渐形成的中国特色社会主义市场经济体制的研究,同时也在反思前 30 年经济建设的经验与教训。

所有的改革开放措施实质上都是在调整和改革阻碍社会生产力发展的各类生产关系。虽然这一过程充满争论,但都在不同程度上展现出生产力与生产关系相统一的辩证历史唯物主义精神。在这一争论过程中所形成的中国特色社会主义政治经济学给马克思主义政治经济学注入了新鲜的血液和丰富的内容,拓展了社会主义政治经济学的视野。其中,最突出的内容包括社会主义"初级阶段","以公有制为主体,多种所有制经济共同发展",等等,都是在为社会主义与市场经济体制的结合提供理论解释和证明。

第二,随着对经济管理体制改革的分析,从原来的国民经济综合平衡研究中衍生出一门新的宏观经济学。

虽然这种宏观经济学表面上与西方宏观经济学非常类似且从后者那里学习了不少东西,但事实上二者之间存在根本性的差别。这是中国的国情决定的。西方经济学的宏观管理集中于货币和财政政策的运用,而中国宏观经济管理的复杂性远远超出货币和财政分析的范围。仅仅就机构设置而言,除了中央银行、财政部之外,我们还有国家发改委这样一个最重要的宏观经济管理综合性部门。因此,仅仅依赖于从西方经济学中学来的所谓"三驾马车"的概念框架,是很难对中国的宏观经济调控政策给出切合实际的良好解释的。如果不能对国家发改委所代表的综合性经济管理职能给出一种理论上的科学解释,包括对这种职能的进一步改革,那么,中国的宏观经济学就必然缺乏灵魂。有了这种灵魂的宏观分析,不妨暂且称之为"政治宏观经济学"。

第三,政治经济学的语言和分析工具获得极大的拓展。

这种变化主要是伴随着对西方经济学的学习和借鉴而形成的。例如,交易成本、产权激励、制度安排、激励相容等重要概念,都来自西方经济学。这彰显了中国特色社会主义政治经济学的胸怀。

中国特色社会主义政治经济学要走上国际学术舞台并对这一舞台产生重大影响,还有很长的路要走。以"经世济民"的标准来看,政治经济学对改革开放事业已经做出了重大的贡献,但是,它还未摆脱以诠释改革的政策和制度安排为主的基调,热衷于对所谓新概念的创造和追逐,疏于对这些改革的政策和制度安排进行深度的学理分析和论证。人们通常把"理论逻辑与现实逻辑相一致"挂在口上。事实上,理论讲究的是逻辑严密的一致性,而所谓的"现实逻辑"讲究的往往是妥协。对政治家和决策者来说,改革的关键不在于改革方案背后的理论分析是否精巧、是否具有内在的逻辑一致性,而在于这一方案能否在各种利益冲突的背景下解决实践问题。也就是说,"理论真理"与"实践真理"之间是有距离的。

在这方面,我们应吸取德国历史学派的教训。这一学派对德国

19世纪后半期的社会经济政策产生了重大的影响,对德国的崛起做出了重要的贡献,这是它的荣耀。但是,作为一个学派,它的结局却带有悲剧的色彩。它一直力图基于德国的国情来建立一种综合性的国民经济学,用于抗衡古典政治经济学,但最终未能实现这一抱负,给经济思想史留下的只是一些政策思想而已。

(作者单位:首都经济贸易大学经济学院)

新一轮国际产业转移与中国
制造业发展的新挑战

刘友金

工业革命以来全球发生了五次大的国际产业转移：第一次国际产业转移是从19世纪40年代开始，第二次国际产业转移始于20世纪50年代，第三次国际产业转移始于20世纪60年代，第四次国际产业转移始于20世纪80—90年代，第五次国际产业转移即新一轮国际产业转移始于21世纪的头十年。前四次国际产业转移使得世界制造业中心从英国转到美国，又转到了日本德国，到"亚洲四小龙"，到中国大陆。新一轮国际产业转移已经悄然发生，对世界制造业中心也将会带来新的影响。我们知道，产业分工形式的变化是影响产业转移的一个重要因素，伴随着这五次大的产业转移，由产业间的分工发展到产业内的分工，再由产业内的分工发展到产品间的分工，一直到产品内的分工，然后到现在产品内分工基础上的产业融合，产业分工形式发生了系列新的变化。

在新中国成立的70年间，五次大的国际产业转移中经历了四次。第一次产业转移，我称之为"望尘莫及"的产业转移。在19世纪40年代，英国开始向外转移产业，但鸦片战争开始，中国却在惨遭东西方列强野蛮侵略和掠夺，那时候落后挨打的中国对承接国际产业转移是不敢想象的。第二次产业转移，我觉得是"没法赶上"的产业转移。20世纪50年代新中国刚刚成立再加上朝鲜战争的爆发，美国为了培育自己的盟友遏制共产主义阵营，不管是基于产业基础还是当时的国际背景，那个时候的产业不可能向中国转移。第三次产业转移，我把它叫作"坐失良机"的产业转移。20 世纪 60 年代开始，日本开始将劳动密集型产业向我国香港、台湾地区以及新加坡和韩国转移，当时中国大陆正在进行轰轰烈烈的"文化大革命"。第四次产业转移，可以叫作"最大受益"的产业转移。20 世纪 80—90 年代，正值中国改革开放，美国、欧洲、日本、"亚洲四小龙"以劳动密集型为主的制造业纷纷向中国转移，中国迅速成为新的"世界工厂"。第四次产业转移我们之所以受益大，是因为它契合了我们的改革开放，也契合了当时的国际分工，我们在承接这一轮国际产业转移过程中，利用开放红利、人口红利、改革红利，进而获得了国际分工互利。现在正在开始的第五次产业转移，我把它称之为"受到挑战"的产业转移，这次国际产业转移始于 21 世纪的 10 年代，与以往的国际产业转移不同。

接下来，我主要是讲讲第五次产业转移与中国产业发展的问题，或者说第五次转移使我们的产业发展遇到了新的挑战。为什么这么说呢？这与第五次产业转移所出现的新特征相关：一是内地转移与国外转移并存。这次转移中国成为主要的转出地，中国东南沿海产业不仅向国内东西部转移，同时向海外转移。二是低端转移与高端转移并存。这次中国往国外的产业转移是双向的，低端产业向东南亚转移，高端产业向美国、欧洲发达经济体回流。三是产业分工深化与产业深度融合并存。前几次产业转移都是产业分工的结果，或者是产业分工不断深化的结果，这一次产业转移不仅因为产业分工在不断地深化，而且同时出现了产业的深度融合，这是一种新的现象。

正是由于第五次国际产业转移新特征的出现，对我国产业的发展就出现了新的问题和挑战。主要表现在以下两个方面：第一个方面，中国是否会出现欧美日那样的制造业"空心化"呢？因为这次产业转移，一部分低端产业往东南亚转移，高端的往美欧日回流。这样的话会不会出现空心化呢？应该说有一些迹象值得警觉。比方说从我国制造业占 GDP 的比重来看，实际上在 2008 年以后，从

40%逐渐下降到了30%。第二个方面，制造业转型升级能否实现呢？因为高端的往美欧日回流显然会阻碍我国制造业的转型升级，也出现了一些值得我们高度重视的信号。比如说从全要素生产率来看，我们做了一个估算，我国全要素生产率从2011年开始是下滑的。在这种情况下，我们需要思考中国制造业未来怎么办？我们应当如何应对？

根据第五次国际产业转移出现的新特征，可以从以下几个方面考虑应对策略：一是应该实现换道超车，通过这种方式转换产业转移的路径。我们过去讲弯道超车，我感觉条件变了，弯道超车不适应了。那么现在面临新的产业革命，形成了经济发展的新车道，我们是不是应该通过这种新车道来换道发展呢？来改变产业转移的路径？二是大力培养和引进高端人才，提升留住高端产业的关键要素。也就是说，我们能不能通过高端人才的培养和引进来留住高端产业，发挥高端要素的作用。大家知道，美国特朗普政府的种种排外政策，很多外籍科学家受到打击，这恰恰是我们引进人才的好机会。三是构建以中国为主要节点的价值链"双环流"体系，引导产业转移方向。中国是与亚非拉这些国家联系的节点，我们如何发挥这个节点的作用重构产业转移链条？值得思考。四是发挥大国优势，拓展产业转移回流空间。中国是一个地区间发展不平衡的大国，我们可以利用国内产业的层级化空间所形成的梯度差异来拓展产业转移回流空间。以上几点，是一些初步的思考。总的来说，我们有效地应对第五次国际产业转移带来的新挑战，需要理论和实践的创新。

（作者单位：湖南科技大学）

从计划到市场:70年经济体制转型

推动经济高质量发展 必须毫不动摇地坚持社会主义基本经济制度

唐未兵

新中国成立70年来的经济建设与发展，成就非凡，有太多的经验值得我们认真总结。其中有一条我的感触很深，这就是推动经济高质量发展必须毫不动摇地坚持社会主义基本经济制度。

什么是社会主义基本经济制度？党的十九届四中全会审议通过的《中共中央关于坚持和完善中国特色社会主义制度 推进国家治理体系和治理能力现代化若干重大问题的决定》指出："公有制为主体、多种所有制经济共同发展，按劳分配为主体、多种分配方式并存，社会主义市场经济体制等社会主义基本经济制度，既体现了社会主义制度优越性，又同我国社会主义初级阶段社会生产力发展水平相适应，是党和人民的伟大创造。"这表明，现阶段我国社会主义基本经济制度包括以下三项制度：一是公有制为主体、多种所有制经济共同发展的所有制。公有制经济和非公有制经济都是社会主义市场经济的重要组成部分，都是我国经济社会发展的重要基础。我们不仅要毫不动摇地巩固和发展公有制经济，而且要毫不动摇地鼓励、支持、引导非公有制经济发展。二是按劳分配为主体、多种分配方式并存的分配制度。按劳分配是社会主义的分配原则，按生产要素分配是生产要素所有权在经济上的实现。我们既要坚持以劳动的数量和质量为依据分配个人收入、多劳多得，又要坚持生产要素由市场评价贡献、按贡献决定报酬。三是社会主义市场经济体制。要使市场在资源配置中起决定性作用，同时更好发挥政府作用。这三项制度相互联系、相互支持、相互促进。我们讲基本经济制度，最核心最基础的应该是所有制，所有制发生变化以后，必然导致分配方式、分配结构发生变化，所有制和分配方式发生变化后，经济运行方式肯定也要相应地发生改变。所以，这三项制度集中体现为社会主义基本经济制度中所有制、分配制度和社会主义市场经济体制三者的辩证统一关系及其内在逻辑。这是我们党领导全国人民所进行的又一次伟大的理论创新、实践创新、制度创新。

什么是经济的高质量发展？从经济学的视角深入理解高质量发展的内涵，我认为经济的高质量发展就是高效率与高效益并重、有效供给与有效需求并重、内生动力与外生动力并重的发展。

社会主义基本经济制度对我国经济改革、运行和发展具有决定性影响，是新时代推动经济高质量发展的根本遵循。

首先，只有毫不动摇地巩固和发展公有制经济，毫不动摇地鼓励、支持、引导非公有制经济发展，才能推动经济高质量发展。

作为市场主体的各类企业和个体工商户是我国经济活动的主要参与者、就业机会的主要提供者、技术进步的主要推动者。新中国成立以来特别是改革开放以来，我国公有制经济蓬勃发展，国有企业改革取得巨大成就，公有制的主体地位日益巩固，公有制经济分布在基础性行业和支柱产业的国有资产比重超过50%，在关系国民经济命脉、国家安全和国计民生的重要行业与关键领域占有主导地位，国有经济的活力、控制力、影响力和抗风险能力不断增强，成为社会主义现代化建设的中坚力量，为推动形成我国独立完整的工业体系、系统有效的金融体系、庞大顺畅的基础设施体系作出了巨大贡献，为社会主义现代化强国建设和中国特色社会主义事业不断取得新成就提供了有力保障。我国非公有制经济也得到快速发展，非公有制经济主要分布在服务业、制造业等一般竞争性领域，贡献了我国GDP的60%、国家税收的70%、企业总数的80%、新增就业的90%。公有制经济和非公有制经济优势互补、相得益彰、共同发展，促进了我国社会生产力的极大提高，社会财富的快速增长，这使我国成为世界第二大经济体，进而实现"两个一百年"的奋斗目标有了坚实的经济基础。

我国经济发展由高速增长阶段转向高质量发展阶段之后，必须要有更加坚实和充满活力的市场主体，这些市场主体怎样才能更坚实更有活力？坚持"两个毫不动摇"，无疑为推动各类市场主体持续健康发展指明了根本方向。所以，在经济高质量发展阶段，我们要一以贯之坚持"两个毫不动摇"。一方面，要鼓励发展国有资本、集体资本、非公有资本等交叉持股、相互融合的混合所有制经济，推进国有经济布局优化和结构调整，不断深化国有企业改革，激发国有企业发展活力和内生动力，形成以管资本为主的国有资产监管体制，加大对企业授权放权力度，进一步强化国有企业的市场主体地位。另一方面，要为非公有制经济特别是民营经济营造更好更优的发展环境，对国有和民营经济一视同仁，对大中小企业平等对待，推动非公有制经济特别是民营经济走向更加广阔的市场舞台。

其次，只有毫不动摇地坚持按劳分配为主体、多种分配方式并存的分配制度，才能推动经济高质量发展。

公有制为主体、多种所有制经济共同发展，决定了我国的分配制度必然是按劳分配为主体、多种分配方式并存。新中国成立以来特别是改革开放以来的实践证明，坚持按劳分配为主体、多种分配方式并存的分配制度，有利于实现效率和公平的有机统一，不仅彰显了中国特色社会主义制度在保障和改善民生、增进人民福祉、实现共同富裕方面的制度优势，而且充分激发了人民群众的创造性与积极性，从而更好地推进了我国经济平稳快速的发展。

我国经济发展由高速增长阶段转向高质量发展阶段之后，必须毫不动摇地坚持按劳分配为主体、多种分配方式并存的分配制度。因为经济的高质量发展，必须要有更高质量的要素投入，这就需要进一步调动劳动、资本、土地、知识、技术、管理、数据等各类生产要素参与生产的积极性、主动性、创造性，让各类生产要素的活力竞相迸发，让一切创造社会财富的源泉充分涌流。怎么调动各类生产要素参与生产的积极性、主动性、创造性？毫不动摇地坚持按劳分配为主体、多种分配方式并存的分配制度为我们指明了方向。一方面，要不断完善保障和提高劳动者劳动收入的体制机制，坚持多劳多得，着重保护劳动所得，增加劳动者特别是一线劳动者的劳动报酬，提高劳动报酬在初次分配中的比重，巩固按劳分配的主体地位。另一方面，要建立统一开放、竞争有序的要素市场，明确各类生产要素的产权归属，实行严格的产权保护制度，进一步健全劳动、资本、土地、知识、技术、管理、数据等生产要素由市场评价贡献、按贡献决定报酬的机制。此外，还应发挥政府的宏观调控作用，不断完善以多种手段调节并缩小城乡、区域、不同群体间收入差距的体制机制。

最后，只有毫不动摇地坚持社会主义市场经济体制，才能推动经济高质量发展。

回顾改革开放以来我们从计划经济到市场经济的转型历程，中国经济之所以能够持续高速增长，很大程度上就是因为我们把社会主义基本制度和市场经济有机结合起来，建立了社会主义市场经济体制。在注重发挥市场配置资源的作用、增强经济活力的同时，充分发挥社会主义制度优势，构建起中国经济的宏观调控体系，集中力量办大事，确保中国经济不出现大的起伏而能够持续平稳增长。

我国经济发展由高速增长阶段转向高质量发展阶段之后，无论是供给侧还是需求侧，经济增长新动能的形成都需要体制机制改革做支撑。因此，推动高质量发展，我们更加需要在坚持中国共产党领导和中国特色社会主义制度的前提下，坚持社会主义市场经济改革方向，加快完善社会主义市场经济体制，使市场在资源配置中起决定性作用，更好地发挥政府作用，进一步激发市场活力和改革创新动力。加快完善社会主义市场经济体制，核心问题是处理好政府和市场的关系。一方面，要不断建设高标准市场体系，完善产权制度，完善公平竞争制度，完善要素市场化配置，完善科技创新体制机制，进一步释放市场活力。另一方面，要厘清政府和市场、政府和社会的关系,深入推进简政放权、放管结合、优化服务,建设人民满意的服务型政府。不断健全以国家发展规划为战略导向,以财政政策和货币政策为主要手段,就业、产业、投资、消费、区域等政策协同发力的宏观调控制度体系,减少政府对微观市场主体和经济活动的干预,强化政府对市场秩序的规范作用和市场监管作用,为市场经济发展营造良好环境。

(作者单位:湖南工业大学商学院)

国有企业改革的政治经济学分析

张晖明

一 深刻理解企业改革的定位对经济体制改革的意义

"增强国有大中型企业的活力是经济体制改革的中心环节。"这是 1984 年 10 月党的十二届三中全会通过的《中共中央关于经济体制改革的决定》中所明确的对于国有企业改革的定位。实践证明，围绕企业改革这一"中心环节"展开的经济体制改革抓住了政府与企业关系的变革调整这条主线，对国有企业管理运营的环境的改革形成经济体制建构内容其他各个侧面改革的互动促进，我国经济体制成功地实现了向社会主义市场经济体制的转型，也带动了经济运行活力、运行绩效的大大提高和经济发展方式的转型。这些都需要从政治经济学的研究视角加以深入研究讨论。

围绕国有企业改革，在经过了多个阶段的改革推进，到了 1992 年 10 月党的十四大召开，明确了以社会主义市场经济体制作为我国经济体制改革的目标模式，根据这一改革目标的确定，1993 年 11 月召开的党的十四届三中全会通过了《中共中央关于建立社会主义市场经济若干问题的决定》，明确了以"现代企业制度"作为社会主义市场经济的微观基础，确立企业是市场的独立的利益主体法律地位。为构筑社会主义市场经济的微观基础，1993 年 12 月出台了《中华人民共和国公司法》，这是中国经济生活中的第一步以"公司"概念规范企业主体身份的法律。正是有了《公司法》作为国有企制度和组织形式的改革依据，传统的国有企业都经过了对企业制度进行改造的、重新进行"法人"注册登记的"改制"程序。这一十分重要的改革动作蕴含着对于传统的政府与企业之间的行政隶属的"政企关系"的根本性改造，将政府与企业的关系转变成为"国家（政府）出资"设立的企业，将"政资关系"推上了经济体制改革的"前台"，既有的由政府出面行使的国家所有权配置实现过程的政企关系，清晰地分解表现为作为企业设立的出资主体的政府与接受出资由经过法律程序注册登记成立的独立法人企业之间的"政资关系"，这样的"政资"和"政企"关系的分离。新型的政企关系则表现为企业经营活动中政府作为宏观经济管理者和市场秩序的维护者与企业独立运营之间的"政企关系"。笔者曾经在《中国国有企业改革的逻辑》一书中对企业改革推进所蕴含的理论逻辑的探讨做了尝试性概括。

二　现代企业制度作为社会主义市场经济微观基础的理论意义

在这里特别需要强调的是，传统体制中的国有企业与政府之间的"行政性"隶属关系，经过公司制改造转化为政府与企业的"出资（人）"与"用资（人）"关系。这种关系在后续出台的《中华人民共和国企业国有资产法》（中华人民共和国第十一届全国人民代表大会常务委员会第五次会议于2008年10月28日通过，自2009年5月1日起施行）以法律形式进一步得到界定。《企业国有资产法》的第五条明确指出，"国家出资企业，是指国家出资的国有独资企业、国有独资公司，以及国有资本控股公司、国有资本参股公司"。

不难理解，"国家出资"设立的以现代公司制度存在的企业，政府与企业的关系不再是直接的行政隶属性质的"主从"关系，而是以出资行为表现的经济属性的平等的"市场"关系。因为"出资"行为的"进入权利"举措与"撤资""退出"行为相对应，形成作为"投资者"的完整的权利。对于这种政府企业关系的变化,如何全方位地带动政府企业关系的变革,经济理论研究的关注讨论不甚了了,没有得到充分深刻的阐释,以至于既有的政企关系的认识和行为习惯没有实质性的变化。特别是对于"国有企业"这一概念范畴的沿袭使用,更是遮蔽了对于国有企业的"公司制改造"这一企业属性和法律地位的根本性变革举措的深刻理解和与之相关联的一系列变革的深刻认识。某种程度上说,这也是当下进一步推进国有企业改革走向新的深化总是流于走形式的理论认识和执行能力不足的原因。

现实经济生活中,伴随改革实践和经济发展,公司制企业组织形式在我国已经被普遍采用。包括,吸引外国资本投资(外商独资或中外合资)设立的企业,鼓励和允许非公经济发展,私人资本注册设立的企业。由此形成多种经济形式并存的局面,这也是我国正处在社会主义发展的初级阶段的大背景所决定的。在新设企业组织的投资活动中由国家(政府)通过它所设立的国有资本投资机构作为出资主体与其他社会主体共同出资的混合所有制经济形式已经被普遍理解接受应用,不断启发我们加深了对于"混合所有制"经济形式的认识理解,特别是中外合资企业的治理运行方式给我们提供了近在咫尺的参照标杆,混合所有制经济形式作为所有制的实现形式与出资主体的所有制是两个不同层次意义上的产权制度的表现,两者完全可以并行不悖。坚持生产资料公有制与积极发展混合所有制经济形式,可以成为市场经济条件下公有制资本灵活配置运行、与市场经济相容的所有制实现路径和具体形式。

三 从现代企业制度建设到积极发展混合所有制经济的理论意义

正是伴随市场深化进程,混合所有制的公司制企业组织的形成,有助于发挥各种经济形式各自的经营机制优势,形成互补性共同发展格局。在具体的微观经济的企业组织形式上,不同所有制主体出资合作,设立混合所有制经济形式的企业,依据《中华人民共和国公司法》规范,形成混合所有制企业的治理结构,更好地适应市场经济体制的特性和要求,促成国有资本的"市场化"配置运营。因而有通过"积极发展混合所有制经济"作为推进国有企业改革的进一步深化的"突破口"的改革任务。

我们已经在基础理论上有了不断地刷新,在党的十八届三中全会《决定》明确"积极发展混合所有制经济"的改革原则之后,对于推进混合所有制改革也已经有了大量的案例经验积累,特别是在2015年8月《中共中央国务院关于深化国有企业改革的指导意见》发布以后,针对国有企业所处产业领域的技术和市场特点,明确加以"分类"的指导原则,对于推进国有企业混合所有制改革及路径选择有了更加具体的理解、更加具体务实的选择。在微观场合的混合所有制企业运营治理机制的塑造上,提出配套跟进的改革诉求,由此进路深入到对于企业治理决策机制的不断优化。客观上说,处在彼此合作的混合所有制企业治理场合,不同的出资主体相互之间的经济关系,反映在以一定的出资数量表现的"股东"身份之间的"股权"合作。在这样的股权合作关系中,自然提出股东关系的股权权利上的"平等性",也就是股东的地位权利平等和持股数量不等所决定的投票权权重差异的"产权民主主义"表现。由此形成从所有权关系向产权关系的转化。这也是政治经济学的所有制理论与所有制实现理论的有机统一。

40多年改革实践的经验告诉我们,伴随经济体制改革的不断深入,我们的经济理论不断刷新。紧密联系社会主义实践的总结检讨,激发了我们对传统经济理论加以重新认识,突破固有的僵化的理论范式,为实践打开新的空间;实践所面临的难点和问题又引导理论研究继续深化,为理论创新提供动力。围绕社会主义制度的本质规定和制度架构原则内容如何在一定的实现条件下具体展开这样的重大命题,作为基本经济制度本质规定的生产资料所有制关系在社会经济运行中的具体配置展开，被赋予市场化配置的灵活性，由此为公有制生产关系开拓出广阔的发展空间。落实到以股权灵活配置所体现的企业经营活力，带动创新力、控制力、影响力和抗风险能力的不断提升。这正是对于国有企业改革在企业制度（包括企业的产权制度、组织制度、经营制度和预算约束制度等）实现全面变革创新必须触及的深层次问题，以扎实地构造和巩固社会主义市场经济体制的微观基础，实现建立完善的社会主义市场经济体制改革目标要求，具体展示社会主义基本经济制度规定性内容和发挥承担动态有效运行的使命。

（作者单位：复旦大学马克思主义研究院）

脱贫攻坚和乡村振兴有效衔接必须注重市场作用的发挥

蒋永穆

党的十八大以来，我国脱贫攻坚工作取得了决定性进展，为全面建成小康社会奠定了坚实的基础。一是贫困数量明显减少，尤其是2010年我国确定新贫困标准以来，我国在新的贫困标准下仍然保持了较高的减贫速率，至2019年年底，我国贫困人口减少至551万人，贫困发生率降低至0.6%，2020年农村贫困人口将全面脱贫。二是贫困地区发展能力明显提升，在开发式扶贫方针的指导下，贫困地区的生产力水平得到全方位的提升，贫困地区产业的经营方式、产业业态得到明显优化。三是建立了中国特色脱贫攻坚制度体系。习近平总书记提到，我国的精准扶贫形成了一系列制度成果，包括精准识别、精准脱贫的工作体系，上下联动、统一协调的政策体系，因地制宜、因村因户因人施策的帮扶体系等。四是形成了反贫困的社会氛围，贫困地区"等、靠、要"和"宿命论"等思想观念明显减少，"文明、健康、科学、节俭"的风气得到普及，全社会支持扶贫、参与扶贫的社会氛围逐渐形成。

精准扶贫的成果凸显出中国特色社会主义制度优势。党的十八大以来，党中央把扶贫开发工作纳入"五位一体"总体布局、"四个全面"战略布局，作出一系列重大部署和安排，在党的领导下坚持了政府投入的主体和主导作用，保证了全面建成小康社会承诺的兑现。但全面小康的实现并不是扶贫事业的终点，在2020年后，我国将从消除绝对贫困的精准扶贫阶段逐步进入脱贫攻坚和乡村振兴有效衔接的重要阶段，将在农业农村现代化的进程中，实现长效脱贫，破解相对贫困，逐步实现共同富裕。这一过程需要解决上一阶段扶贫中暴露出的一些问题，如贫困地区市场主体缺乏竞争力、贫困地区市场体系不完善、消费扶贫出现"依赖症"等。解决这些问题的关键是要更加注重市场在资源配置中决定性作用的发挥，在扶贫中实现政府有为和市场有效，实现政府和市场在扶贫领域的相辅相成、相互促进、互为补充。

在脱贫攻坚中，如何注重市场在资源配置中决定性作用的发挥？当前要着重注意四个方面问题。

第一，深化农村贫困地区土地制度改革。明晰的产权是市场机制发挥作用的基础，而土地又是农村贫困地区最重要的生产要素，因此注重市场作用首先要深化农村地区土地制度改革。当前我国在农村进行了"三权分置"的尝试，即在坚持稳定农地承包关系的基础上，提出农地承包权和经营权分离，同时探索宅基地所有权、资格权、使用权的分离。这是农村土地制度继实行家庭联产承包责任制后的又一次重要创新，对于盘活贫困地区生产要素、丰富贫困人口收入来源具有重要意义。但由于一些贫困地区具有土地状况较差、人口流动性不强等特殊性，贫困户在"三权分置"改革中增收比较有限。因此，在贫困地区不断深化农村土地制度改革，探索"三权分置"的区域实现形式将是精准扶贫和乡村振兴有效衔接的重要课题。

第二，培育农村贫困地区市场主体。让贫困户跟着市场走，首先得在贫困人口中间培育具有竞争力的市场主体。目前我国贫困地区市场主体的培育还相对滞后，主要存在两个方面的问题：一是贫困人口作为基本市场单元其素质有待提高，二是家庭农场和农业专业合作社等形式的经营主体还需进一步壮大。因此培育农村贫困地区市场主体既要提升贫困人口素质，也要培育壮大各类新型农业经营主体。提升贫困人口素质是一个综合性问题，首先是提升健康水平，在一些深度贫困地区，人们的身体状况、个人健康状况普遍都不是特别理想。现在根据调查的结果来看，最大的返贫人群就是因病返贫，因此稳定脱贫要把解决他们的健康问题放在首位。健康的身体，才能保持贫困人口基本的生产经营能力。其次是提升教育水平，也就是习近平总书记讲的"扶志"和"扶智"的问题。贫困人口的贫困原因有很多，其中重要一点就是理念的贫困，需要通过教育激发贫苦人口的工作积极性，同时使其具备基本的劳动技能。当前不少地区均将教育扶贫作为扶贫的重要板块，如四川一些民族地区扶贫的一个重要方式即推广普通话，通过推广普通话的方式打破贫困人口与外界的心理隔阂，同时使其具备外出务工的基本条件。但在下一阶段，教育扶贫需要在此基础上继续深化，即通过教育使贫困人口在"学会普通话"的基础上，敢于参与市场竞争，逐步获得参与竞争的能力。培育壮大新型农业经营主体同样是脱贫攻坚和乡村振兴衔接的重要内容。农民合作社和家庭农场是农村人口进行市场活动的重要主体，要突出抓好农民合作社和家庭农场两类农业经营主体发展，赋予双层经营体制新的内涵，不断提高农业经营效率，但农村贫困地区多存在集体经济组织实力弱、缺乏带头能人、产业选择模糊等问题，导致新型农业经营主体实力较弱，因此在下一阶段还需要通过在贫困地区实施家庭农场培育发展工程、农民合作社规范提升工程等不断提升贫困地区农业新型经营主体实力。

第三，培育农村贫困地区市场体系。市场机制有效离不开统一开放、竞争有序的市场体系。当前一些贫困地区的市场体系建设相对滞后，主要体现在市场体系不完备、市场形态和市场监管相对落后等方面。如四川一些贫困地区的市场化程度很低，市场的开放性、竞争性均不足，导致了商品质量不过关、产品价格虚高等现象。这一现象不利于贫困户发展能力的提升，在一定程度上滋生了其对政府新的依赖心理。因此在下一阶段需要在贫困地区建立起种类更加齐备、形态更加优化、运行更加有序的市场体系。首先要建立完备的市场体系，完备的市场体系既包括商品市场体系，也包括要素市场建设。一方面，要加强商品市场体系建设，包括农产品流通体系，农业生产资料流通体系和农村消费品流通体系。另一方面，要加强资金、劳动力、技术等要素市场建设，创新产权流转交易市场等新形式，改变落后地区要素单向流出格局。其次要优化市场形态，在传统集市贸易市场的基础上，建立专业市场、综合市场、超市等市场平台，对接最新的市场需求，创新电子商城、旅游通道市场、农产品展销市场等新的市场形态。另外要加强贫困地区市场监管，在贫困人口中间树立遵纪守法和依法维权意识，探索信用监管的有效形式，重点加强贫困地区产品的质量安全监管。

第四，实现政府在扶贫中的宏观调控有度。新中国70年反贫困的一条重要经验，就是各级政府的持续大力支持。2020年以后政府力度将会有所减弱，那么在下一阶段政府在稳定脱贫中如何定位？我们认为，一方面，要有"有效的市场"，实现政府不再大包大揽，在政府必须介入的领域之外，充分发挥市场在资源配置中的决定性作用。另一方面，要有"有为的政府"，既不能使政府在扶贫中完全退出，又"要在保证市场在资源配置中发挥决定性作用的前提下，管好那些市场管不了或管不好的事情"。比如，坚持政府仍然是推动贫困地区脱贫攻坚的重要力量，继续围绕"脱贫攻坚和乡村振兴有效衔接"加强顶层设计和行政推动，各级政府还必须保留必要的政策供给，同时完善中央和地方之间的传导机制，在脱贫责任落实、脱贫有关政策制定和执行、脱贫效果反馈等方面实现充分衔接，既要避免宏观调控政策在地方得不到落实，也要避免军令状式执行带来的各种不良后果。比如，要继续坚持"造血输血协同"，在以"造血"为主的同时，在社会保障、住房等领域适当"输血"，政策供给中优化土地政策、产业政策等的供给，将重点从直接给钱给物转变为改善贫困地区发展条件、保障贫困地区发展要素、加强对贫困地区的科技智力支持、提升贫困人口自力更生能力等。再比如，要继续构建大扶贫格局，即"引导市场、社会协同发力，构建专项扶贫、行业扶贫、社会扶贫互为补充的大扶贫格局"。政府需要明确社会力量的扶贫责任，引导全社会扶贫长效机制的形成和完善。

（作者单位：四川大学经济学院）

以金融开放破解金融发展和金融改革难题

齐 兰

今年是新中国成立70周年,70年来我国经济发展、经济改革和经济开放这三大方面取得了巨大成就,实现了历史性飞跃。因此,回顾和总结70年来的历程和经验,对于走好下一步,实现更大的飞跃,具有重要意义,这次研讨会的召开,很是应景,也很有意义。

我发言的题目是"以金融开放破解金融发展和金融改革难题",主要讲三点内容:一是金融开放对于金融发展和金融改革的重要性和紧迫性;二是目前我国金融领域存在的主要问题;三是如何通过金融开放来破解金融改革和金融发展的难题,以此请教各位专家学者。

先谈第一点,金融开放对于金融发展和金融改革的重要性和紧迫性。我这里的分析主要是在经济发展、经济改革和经济开放这三个维度上进行的。理论界有关经济发展、经济改革和经济开放这三个方面的研究,总体来看,对经济发展方面关注和研究较多,尤其是70年来我国经济建设和发展的历程及经验,有较为系统性的梳理和总结;同时,对经济改革方面,尤其是去年改革开放40周年之际,有关我国所有制改革、国有企业改革、收入分配制度改革、宏观经济管理体制改革等方面也有许多理论探讨与分析。然而,对于经济开放这方面,理论界全面考察和深入研究相对少一些,而且已有研究中又更多地侧重实体经济的对外开放,包括对外贸易、引进外资和对外投资等。当然,经济发展、经济改革与经济开放这三者是相互关联融为一体的,但也可相对剥离出来。比如,可以说改革元年是 1978 年，它以党的十一届三中全会召开为标志；而开放元年是 1980 年，它以经济特区建立为标志，如此等等。理论界在经济开放这方面的专门研究相对较少，也许印证了实践发展进程就是如此，似乎反映了现实中的经济开放相对滞后于经济发展和经济改革，由此也进一步可推论，在经济开放中，金融开放又相对滞后于实体经济的开放。2018 年和 2019 年我国紧锣密鼓地出台实施一系列金融业进一步扩大对外开放的政策措施，包括放开外资银行投资中资银行股比限制、银保监会"新开放 12 条"、金融委"国 11 条"、国务院"外资银行管理条例修订"，等等，这也显示了当今金融开放的紧迫性和特殊重要意义。

再谈第二点，目前我国金融领域中存在的主要问题。我国金融业经过 70 年的发展和 40 年的改革，取得了很大成绩，但目前仍还存在许多问题。有人认为，主要问题是金融部门过度膨胀，金融脱实向虚现象严重，金融市场竞争无秩序，金融风险不断增大，金融监管不到位，等等；还有人认为，当前主要问题更多的是金融化总体水平偏低，金融发展相对滞后，金融领域缺乏公平竞争，金融创新不足，政府干预过多，等等。综合这些观点，结合自己多年来的考察和分析，我个人认为，目前我国金融领域存在的问题是多种问题的集合，可归纳为四个方面的两并存问题，即：金融发展过度与金融发展不足并存、金融发展超前与金融发展滞后并存、金融领域竞争不充分与竞争无秩序并存、政府干预过多与金融监管不到位并存。具体分别简要说明如下：

一是金融发展过度与金融发展不足并存，其中金融发展不足问题更为突出。近些年我国金融发展确实存在过度化倾向，尤其金融业发展规模和速度远远超过实体经济，同时还应看到，从总体上看，我国金融化水平仍很低，与我国经济发展要求很不相匹配，尤其是作为世界经济第二大经济体与世界经济第一大经济体美国相比，两国的金融实力差距较大，有数据显示，2017 年，中国 GDP 是美国的 65%，而中国的资产市场体量约为美国的 1/3。在 IMF 的 SDR（特别提款权）中，美元的权重是 41.7%，人民币的权重是 10.9%。同时，美国的美元国际化指数近年来一直保持在 55% 左右，而中国的人民币国际化指数仅在 3% 上下。

二是金融发展超前与金融发展滞后并存，其中金融发展滞后更为突出。近年来，我国金融化各项指标包括信贷、股票、保险、期货等发展迅速，互联网金融、数字货币等金融新业态和金融创新产品也不断出现，给我国经济社会带来巨大活力，然而，这种发展与发达国家相比仍有较大差距，如美国的股票市场市值是我国的 3.74 倍，上市公司数量是我国的 1.71 倍，股票平均日交易量是我国的 1.35 倍。同时，美国的外汇市场交易量份额达 88%，而我国仅有 4.0%。不仅如此，我国近些年来频繁引发的网贷"爆雷"、金融诈骗等各种金融风险事件，也说明我国现代金融市场体系建设还存在许多漏洞和薄弱环节。

三是金融领域竞争不充分与竞争无秩序并存，其中竞争不充分更为突出。一直以来以国有银行为主导的金融结构，对我国经济发展尤其国有经济发展提供了有力的资金支持，但随着时间推移，这种结构的诸多弊端逐渐显现，目前我国国有大型银行的总资产和存贷规模占据了银行业的一半以上，这种金融结构单一、大型银行集中度过高的状况，严重妨碍了中小型银行和非国有银行的发展，不利于金融市场结构的优化和金融资源的有效配置，不利于银行业竞争实力的打造和国际竞争力的提升。

四是政府干预过多与金融监管不到位并存，其中政府干预过多更为突出。以往政府主导型的经济发展模式也同样容易产生政府主导型的金融发展模式，而且我国金融监管体制也更多注重行政机制管控风险的作用，政府过多干预将会导致金融资源的浪费和错配，而且随着以人工智能、区块链、云计算以及大数据为基础的金融科技带来的金融模式、流程、交易方式的创新，也将给金融发展模式和监管体制带来更大的挑战。

最后谈第三点，如何以金融开放来破解金融发展和金融改革的难题。第二点四个方面的问题中，第一方面和第二方面的问题，属于金融发展范畴的问题，主要涉及金融发展水平（过度还是不足）、金融发展阶段（超前还是滞后）的问题；而第三方面和第四方面的问题，属于金融改革范畴的问题，主要涉及金融改革的微观层面（如金融结构与市场竞争等）、金融改革的宏观层面（如金融管理体制和金融监管模式等）。产生这些问题的原因很多，有金融本身的问题，也有金融以外的非金融问题，如实体企业实体经济等，还有国内外政治经济环境等影响因素等。但从发展、改革和开放这三个维度及内在联系来看，金融发展与金融改革这两方面出现的问题，很大程度上与金融开放方面没有跟进或金融开放力度不够大有直接关系。因此，要解决以上四个方面的问题，可以考虑从金融开放入手，用金融开放来破解金融发展和金融改革的难题，而且实际上随着金融发展和金融改革的不断深化，金融开放也到了应该发挥重要作用的时候了。金融开放发挥重要作用，具体体现在三个方面：

一是以金融开放促进金融发展。如同经济开放促进经济发展的道理一样，金融开放是为了更好地促进金融发展。金融开放必然会激发金融活力，增加金融供给，提高金融效率，增强金融服务实体经济的动能。纵观人类历次产业革命，包括第一、第二、第三次产业革命，其中无不伴随着金融开放与创新的推动作用。当前新一轮产业革命即将到来，我国应抓住这一难得机遇，通过金融开放，实现金融高质量发展，从而推动产业及整体经济的高质量发展。

二是以金融开放促进金融改革。金融开放，一方面，包括金融微观领域的对内开放和对外开放，进而促进金融市场主体的多元化和金融市场结构的优化，以提高金融业的整体竞争力；另一方面，就是在宏观管理领域中放松政府管制，充分发挥市场在金融资源配置中的决定性作用，加快金融管理体制的改革，改进和完善金融监管模式，积极应对金融科技带来的新的挑战。

三是以金融开放促进金融更大的开放，实现金融开放与金融改革和金融发展的良性循环。金融开放既是"引进来"，也要"走出去"，更要"走上去"。目前我国更多的是"引进来"，允许和放宽外资银行等金融机构的进入，在此之后，我国金融企业要更多地"走出去"，参与国际金融市场竞争，参与国际金融规则和金融秩序的制定，提升中国金融企业的国际竞争力和人民币在国际经济舞台的影响力，尽快改变目前我国金融实力与经济实力不相匹配的状况，促进我国向金融大国和金融强国迈进。

（作者单位：中央财经大学经济学院）

新中国 70 年经济增长思想演变:回顾与展望

程 霖

新中国成立 70 年来,中国经济发展取得了巨大的增长成就,对全球的增长贡献超过了 70%,跃居世界第二大经济体。这个成绩的取得有很多因素,其中和学术界及政府学术部门在经济增长、思想和政策方面研究所取得的成就和作出的贡献是分不开的。那么,回顾和总结新中国 70 年经济增长思想的演变,可以从三个方面来做一个基本概括:

第一是理论范式多元化。改革开放之前,中国主要以计划经济理论及马克思主义经济学作为指导经济建设的理论范式来源。改革开放后,随着中国从计划经济体制向市场经济体制的转轨,西方经济学重新在中国传播和应用,结构主义经济增长理论、内生经济增长理论等为中国经济的高速增长提供了重要理论参照。在此背景下,马克思主义经济学与西方经济学相得益彰,并在本土化的过程中与中国传统经济思想、中国经济体制市场化改革和中国经济增长实践相结合,使中国经济发展,逐渐聚焦到社会主义市场经济条件下的现代化经济体系建设上。

第二是内涵层次立体化。计划经济条件下由于价格机制的扭曲,要素配置的效率严重缺损,结果是经济大起大落,人民生活水平提升有限。随着市场经济体制的建立健全,不仅传统的劳动、土地、资本等要素,包括知识、技术、企业家才能、人力资本等要素,也都在"无形的手"的牵引下优化重组,带来了巨大的经济增长绩效。当然,早期更多是靠要素的规模投入、粗放经营,这种要素驱动模式曾经在相当长一个时期对中国经济增长形成重要支撑，但也带来了许多深层次问题，面临增长和发展不可持续的问题。因此，从要素驱动向创新驱动的转变成为共识，使中国转变经济发展方式的动力逐渐明确为效率和创新驱动。

第三是研究内容具体化。新中国经济增长思想经历了一个从宽泛到具体的转变，在此过程中，技术经济学、发展经济学、产业经济学、区域经济学、环境经济学、能源经济学、国际经济与贸易、财政学、网络经济学等学科的概念、范畴、方法等纷纷被引入，经济增长的研究内容不再仅仅停留于宏大叙事，而是变得更加丰富、具体，切中经济发展方式中各领域的具体问题。不过，与上述要素驱动发展模式相对应，中国经济长期陷入一种粗放式的增长模式，过于追求速度、规模、质量、效益低下。新时期创新、协调、绿色、开放、共享成为发展的关键词，并明晰为五大新发展理念。

新中国经济增长思想研究还存在一些不足，我概括为以下几个方面：

一是存在一定的重短期问题、轻一般规律的研究趋向。新中国经济增长思想研究具有显著的问题导向性特征，强调经世致用，注重对于短期、应用性问题的分析研究，轻基础理论和一般规律性问题研究。这可能导致对增长规律理解的片面性和局限性，出现一些学者将一些原本是经济发展中的共性问题视为本国的特性问题，从而不够重视从西方已有的经济增长研究成果中借鉴经验、在闭门造车的过程中进行重复劳动，这会使得本国的经济增长研究重走一些前人走过的弯路。所以，在继续保持问题导向性的同时，中国的经济增长研究也应当重视汲取外来先进思想、方法，积极与国际学界展开交流和对话，在充分了解和掌握西方的经济增长理论与工具的基础上结合中国国情和实际问题进行探索。

二是对转变经济增长和发展方式的实践推动，还有待发展。早在1994年，中央经济工作会议就曾提出要提高经济的整体素质和效益，并且于次年党的十四届五中全会将"经济增长方式从粗放型向集约型转变"与"经济体制从传统的计划经济体制向社会主义市场经济体制转变"并列,成为两大根本转变。如此来看,中国在党和政府正式文件中提出转变经济增长方式这一提法已经差不多有20多年的时间。事实上,关于转变经济增长方式的思想内涵早在改革开放之初就已提出了,只是具体的提法不同而已,当时主要从经济建设的效益和质量角度来谈。这么多年下来,虽然取得了一些进展,但中国转变经济增长方式或发展方式的效果还不明显。当然,这里面的原因是复杂的、多方面的,不是经济增长理论或思想本身的问题,而是其在形成政策和贯彻落实这两个环节打了折扣。

三是对中国如何跨越中等收入陷阱这方面的探讨比较薄弱。中国已经处于中上等收入国家发展阶段,面临着跨越"中等收入陷阱",向高收入国家迈进的历史新任务。"中等收入陷阱"作为一种世界范围内的经济现象,在统计上已经具有一定的显著性,中国不能轻易忽视它。否则,可能会给中国的转型发展带来重大失误。关于"中等收入陷阱",国内虽然已经有很多的讨论,不少学者分别从人口结构、需求结构、产业结构、社会流动性等多个角度进行了比较细致的论证,但很多研究缺乏对于这个问题的系统图景展示和根本实质把握。对于到底什么是造成"中等收入陷阱"最根本的因素?各影响因素之间的内在逻辑关系又是什么?这些根本性的问题还缺乏系统思考,从而难以给出有效的治理和跨越之道。这些还有待进一步研究和挖掘。

面向未来,中国经济增长研究还需要在以下几个方面进一步努力。

首先是平衡好中国国情特色和理论一般性、世界共通性之间的关系,应基于中国经济改革发展实践,融入国际经济理论语境,不断地总结提炼以形成具有中国元素的经济增长理论体系。我们不仅要对接国家发展战略,体现中国特色,具有中国的原创性,同时还要能够体现一般性的经济规律,为世界经济增长提供可借鉴的思想和理论贡献。

其次是经济增长思想虽然常常具有前瞻性,但是受体制机制等因素的影响，不必然导致实际经济增长及其发展方式的转变。刚才也说了理论和实践之间有一个滞后，当然这是由很多因素造成的，包括理念观念上的隔阂、利益集团的制约，等等。尽管思想转化为政策、行动，存在一定的时滞，但无论如何，进一步解放思想，依然是特别重要的。

最后是从汲取式增长向包容性增长的转变需要经济增长研究加以重点关注。改革开放以来，随着松绑放权性改革的深入，人民群众从经济增长中获得较多实惠，生活水平得到显著提高，但不平衡不充分的问题依然突出。随着改革开放的不断深入，特别是市场经济体制的不断完善、对外开放的持续扩大以及新发展理念的贯彻落实，中国经济增长思想越来越强调发展的包容性，下一步如何加快实现包容性增长成为研究的重点，这有助于中国跨越"中等收入陷阱"。

（作者单位：上海财经大学经济学院）

新中国 70 年视角下的计划与市场：
一种重新评估

胡怀国

很荣幸参加"新中国 70 年经济建设成就、经验与中国经济学创新发展"大型研讨会！分论坛的主题是"从计划到市场：70 年经济体制转型"，这给了我们一个从新中国 70 年经济发展的角度，重新认识和评估"计划与市场"问题的机会。关于计划与市场，学术界有过很热烈的讨论，包括 20 世纪二三十年代国际学术界和八九十年代我国学术界。特别是改革开放初期的讨论，不仅极大地深化了我们对计划与市场问题的理解，而且在我国的市场化改革进程中发挥了重要作用。不过，有关讨论，尽管也形成了比较丰富的学术成果，但迄今仍然存在明显不足：要么倾向于一般性的学理性分析，要么局限于具体领域的具体问题；前者容易导致某种绝对化，甚至简单地把计划与市场相对立，后者则难以给予我们充分的理论满足。本次论坛提供了一个很好的视角：从新中国 70 年经济发展的角度，来重新审视计划与市场问题，或许会有不一样的发现。

一 如何理解"市场配置资源是最有效率的形式"？

计划与市场都是资源配置方式，它们在经济学、政治经济学乃至马克思主义基本原理中的逻辑是清晰的。具体而言，马克思主义旨在经由现实的社会运动，通过经济发展实现人的发展，经济发展是其中最为关键的核心环节，而经济发展有赖于资源的有效配置，其基本逻辑关系是：计划或市场—资源配置—经济发展—人的发展。关于经济发展和资源配置方式，习近平总书记在《关于〈中共中央关于全面深化改革若干重大问题的决定〉的说明》中有过一段论述："经济发展就是要提高资源尤其是稀缺资源的配置效率，以尽可能少的资源投入生产尽可能多的产品、获得尽可能大的效益。理论和实践都证明，市场配置资源是最有效率的形式。"① 这就提出了一个问题：既然市场是资源配置最有效率的形式，那么新中国成立以后，为什么不直接实行以市场为主要资源配置方式的市场经济呢？早期的计划经济体制与1978年以来的持续市场化改革乃至社会主义市场经济体制在新时代的不断发展完善，究竟是一种怎样的关系？除了特殊的国际环境和国内条件，是否还存在一般性的逻辑关系和理论联系？简单的二分法或流于表象的描述显然是不够的，我们需要一种具有内在逻辑一致性的理论阐释：唯有如此，我们才能更好地理解新中国70年的经济发展成就，才能更准确地认识计划与市场问题，进而更好地推动中国特色社会主义政治经济学的创新发展。

习近平总书记在《在纪念马克思诞辰200周年大会上的讲话》中的一段话，为我们深入探讨有关问题提供了一个很好的线索："新中国成立以来特别是改革开放以来，在不到70年的时间内，我们党带领人民坚定不移解放和发展社会生产力，走完了西方几百年的发展历程，推动我国快速成为世界第二大经济体。"② 众所周知，西方国家从传统社会转向现代社会、从传统生存型经济转向现代经济，几百年来不仅经历了多个阶段、面临着不同的时代课题，而且也在不同国情和特定历史条件下走过了不同的路，催生了各具特色的理论经济学体系，如率先启动并渐次展开工业革命、崇尚自由竞争的古典经济学（英国特色政治经济学），落后工业国借助于国家力量推进工业化进程的李斯特主义（德国特色政治经济学），落后农业国借

---

① 《习近平关于社会主义经济建设论述摘编》，中央文献出版社2017年版，第52页。
② 习近平：《在纪念马克思诞辰200周年大会上的讲话》，人民出版社2018年版。

助于生产关系的反作用谋求生产力超越的传统社会主义模式（苏联特色政治经济学），等等。我国在几十年间"走完了西方几百年的发展历程"，其间一定经历了若干发展阶段并对应着不同的时代课题，从而必定存在着只有区分不同发展阶段才能准确理解的问题。不妨结合新中国 70 年经济发展的不同阶段，在"市场配置资源是最有效率的形式"的理论前提下，更多地从纯学理的角度，考察一下我们为什么要经历一个以计划为主要资源配置方式的计划经济体制时期，以纾缓我们在历史和现实面前的理论困惑。

二 作为资源配置方式的计划与市场：相对优势与适用范围

经济发展有赖于通过某种资源配置方式，把生产要素配置到最具生产性的领域中去，或特定历史条件下最有助于实现发展目标的领域中去。理论上讲，市场能够作为最有效率的资源配置方式推动经济发展的基本逻辑是：在现代政治法律秩序和社会经济关系下，每一个拥有相对平等的政治法律权利、社会经济地位以及参与经济活动和市场交易机会和能力的人，能够通过生产要素的自由流动把自身拥有的生产要素配置到最能发挥其作用的领域中去，进而在普遍参与劳动分工和市场交换的同时，一方面，通过个体选择和自身努力来改善自身境遇，另一方面，通过资源优化配置来推动整个经济的发展。当然，这是一种理想状态或纯理论推演，也是市场作为资源配置方式得以充分发挥其效率优势的理论基准；至于现实经济，则不仅总是普遍性与特殊性的统一，而且总是存在各类"摩擦"或不完美。至少从政治经济学的角度，其一，现代市场经济需要一系列的逻辑前提和制度基础，特别是在现代社会经济秩序形成之初，需要打破传统社会的等级化社会秩序和各类要素流动障碍；其二，现代市场经济要求人们拥有相对平等的权利、机会和能力，但不同要素、不同群体在现实经济生活中必定存在差异，而市场机制本身无疑会放大这种差异并损害人们平等参与市场的机会和能力，故必须有某种矫正措施或社会保护措施;其三,现实生活中的经济发展总是特定历史条件下的发展,经济发展和市场机制的发育往往有赖于特定目标的实现,而特定发展目标通常会对资源配置方式提出特殊要求。不妨以此简要回顾我国70年经济发展历程。

正如亚当·斯密在《国富论》(1776)中指出的,"世界上从未存在过而且也决不能存在完全没有制造业的大国",新中国成立后的首要问题是如何发展制造业、推进工业化。历史地看,如果从洋务运动算起,我国在国家层面上开始谋求工业化,在时间上并不算晚:除了率先启动工业革命的英国,美国在南北战争、德国在普法战争、日本在明治维新之后,才全面开启全国性的工业化进程。尽管如此,直至新中国成立之初,"中国还有大约百分之九十左右的分散的个体的农业经济和手工业经济,这是落后的,这是和古代没有多大区别的,我们还有百分之九十左右的经济生活停留在古代"[①]。原因是多方面的,除了市场经济的基本前提、制度基础和特殊的国内外环境,自发的市场机制不足以在短时间之内,把支离破碎、存在巨大差异、处于不同发展水平的数亿人口带入一个人们普遍参与、普遍受益的工业化时代。也就是说,市场是最有效率的资源配置方式,但它需要一系列前提条件;在市场不足以充分发挥作用的地方,计划有可能在特定阶段有助于更快地实现特定目标,我们必须结合新中国成立之初的工业化目标来理解作为资源配置方式的计划:它不是最有效率的资源配置方式,但一定是有助于最快搭起工业体系架子的资源配置方式。

从第一个五年计划(1953—1957年)的执行情况看,作为资源配置方式的计划充分显示了其在特定历史条件下针对特定目标的相对优势,短短五年间迅速启动并快速推进了工业化进程。不过,计划和计划经济体制,在很大程度上属于行政性的资源配置方式和动员型的经济体制,其特定目标的实现是以资源的扭曲性配置为前提

---

① 《毛泽东著作专题摘编》(上),中央文献出版社2003年版,第920—921页。

的。随着现代市场经济的制度基础（如平等的政治法律权利和社会经济地位）、物质基础（如识字率的提高、初等教育的普及和医疗卫生条件的改善）等的渐次构建，至少从第二个五年计划开始，计划作为资源配置方式已经开始暴露出固有的弊端，经济发展和社会进步已经渐次积累起有利于发挥市场在资源配置方面效率优势的因素。问题不在于我们推行过以计划为主要资源配置方式的计划经济体制，而在于制度惯性和路径依赖使之持续了太久。改革开放以来，特别是1992年社会主义市场经济体制改革目标的确立，我国持续推进市场化改革，创造了经济快速发展奇迹和社会长期稳定奇迹；当然，现代市场经济的自身特征，决定了市场化改革必然是一个持续不断的过程。

（作者单位：中国社会科学院经济研究所）

中国地方政府的非正式权力

李石强

非常荣幸能够参加这个会议。我今天的发言来自最近完成的一项研究，主题是中国在从计划经济到市场经济的转型过程中，中央政府在赋予地方政府正式权力之外，还可能允许其非正式的"灵活变通"权力的问题。

中国是一个单一制国家，地方政府（省市自治区）都是中央政府的派出机构，执行中央制定的政策规章制度。然而，中国各级地方政府在实际运行中拥有相当大的自主性，表现出高度的灵活应变性和主动精神，经常被学者和评论者称为"动员型""能动型""进取型"乃至"生产型"政府。对于中国地方政府所拥有的权力，我们可以划分为两类：一类是正式权力，就是通过正式的政治框架和颁布的文件，正式规定下来地方政府所拥有的权力。另一类是非正式的权力，也就是对中央政策进行灵活变通的权力，这个权力在正式的制度框架中是没有明确规定的，我们可以在一些非正式的研究、评论或者新闻报道里面找到，有时候也被称为"土政策""因地制宜"或者"上有政策下有对策"。事实上，一些事后被誉为改革、地方创新或者地方实验的制度变迁，基本都是在地方政府通过对已有政策进行灵活变通来完成的。

这样就出现了一个问题：地方政府这种对中央政策进行灵活变通的非正式权力，从正式制度的角度严格地来讲，应该说是非法的。那么，中央在面对地方政府这种行为的时候，态度却为什么有时候是默许，有时候明确反对呢？我们这项研究就是尝试为这个问题提供一个回答。

为了研究这个问题，必须考虑到，在中国，中央政府掌握着对正式制度的制定和解释权，拥有最终权威。地方政府无论拥有什么权力，都是由中央自上而下给予的，必要时随时可以被收回。因此，为了解释地方政府对已有政策进行灵活变通的非正式权力，可以沿用已有的授权文献在解释存在于正式制度框架内的正式权力时关于委托人通过赋予代理人一定决策权来提供激励的基本思想，但是需要进行三个方面的扩展。第一，为了研究中央对于地方政府灵活变通行为的态度转变，对它的分析必须要分为前后两个时期。中央在每一期的决策都是是否容忍地方政府偏离（变通）上一期的既定决策。第二，要考虑随机性的外部冲击，并且在中央和地方政府的效用函数中体现二者的政策偏好差异（利益冲突）。中央和地方政府在每个时期初都处于无知状态；在期中，地方政府通过努力可以以一定的概率获知环境信息；时期结束后，中央自动得知。另外，双方也不能就社会环境冲击进行沟通，从而排除掉地方政府临时向中央请示汇报的复杂情况。这样，如果发生了变通行为，只能在期末留待中央来评判。第三，要考虑到地方政府一旦对既定政策进行灵活变通，就会冒被斥责为违背中央政策的风险。也就是说，执行既定政策对地方政府是最安全的，从事灵活变通必须辅以相应的激励。

在以上设定下，中央政府在什么情况下会允许或者默许地方政府灵活变通，什么情况下会制止这种行为？我们这项研究最核心的结论就是，中央政府的选择取决于外部随机冲击的大小。如果中央政府在考虑地方政府的各项参数以后，环境的冲击非常大，它就有可能允许地方政府变通。具体地，我们考虑两个时期来解释这样做的原因。假设第一期有了一个冲击，如果中央坚持要求地方政府严格执行的话，到了第二期再来一次冲击，原来的制度就会显得过于滞后。这样，对于中央来说，在环境累计变化的情况下坚持最初的政策，对中央来说成本非常高。因此，在这样的情况下，如果激励相容问题能够解决的话，中央就可能允许地方政府在第一期实行灵活变通，希望能够更为适应环境的变化。然后，第二期再要求地方政府转而严格执行第一期所执行的政策（不过，此时已经不是第一期期初的政策了）。不论何时，对灵活变通的允许都是事后的，不会在事前正式制度化。反之，如果社会环境受到的冲击足够小，那么中央政府无论如何都会要求地方政府始终坚持既定决策。触发中央政府采用灵活变通契约所需冲击幅度的临界值则取决于地方政府是收集环境信息的高能力者的可能性、能力水平以及保留效用水平。

在理论分析以后，我们也整理了一些案例。由于缺乏相应的数据，我们无法为自己的理论提供系统性的计量经济学证据。但是，从中国的历史经验来看，中央在处理与地方政府关系的实践中，关于灵活变通的态度及其变化与本文模型结论都较为符合。1949年以来，有很多这样的案例，其中最典型的有两个。第一个是包产到户。我们现在耳熟能详的是1978年安徽凤阳小岗村率先实行的家庭联产承包责任制。但是实际上，1956年浙江永嘉县委就在雄溪乡燎原社搞过一次农业生产产量责任制的试验，到1957年就基本在温州地区推广了。结果，1957年《浙南大众报》发表文章认为这是历史的倒退，转给了中央领导，就被叫停了，永嘉县委三个主要负责人受到处分，全县因参与包产到户而被判刑劳改的达20多人。然而，1978年安徽的"包产到户"就得到了默许，虽然没有文件支持，却也没有处罚。到了1980年，"包产到户"得到正式文件《关于进一步加强和完善农业生产责任制的几个问题》的确认和推广，浙江省永嘉县的三个负责人也于1983年得到平反。类似的例子，还有1961—1963年的"三自一包"。

第二个典型例子是行政诉讼的演变。在行政诉讼类案件中，比较能够反映地方政府有没有严格执法或者依法行政的指标是未经诉讼程序的非诉行政案件中由法院裁定予以执行（亦即非诉执行案件）的数量。非诉执行这一方式是从1993年开始采用的，旨在维护行政机关行使行政职权，于是更能代表政府单方面的行为意志。这个指标以1999年为界，前后有显著变化。1999年，中央颁布了一个《关于全面推进依法行政的决定》，并且《行政复议法》也于同年开始实施。可以看出，大体以 1999 年为界，中央政府对于地方政府在变通和变革执行的整体态度上，从 1978 年开始以鼓励变通为主，到了 1999 年以后开始逐渐收紧，逐渐强调依法行政。

还有一些例子。例如，在 20 世纪 70 年代允许农村创办"为农业服务"的"五小工业"的中央政策下，江苏无锡县委将社队企业的经营范围扩展到以非农产品为原料生产的加工工业。虽然当时的社会大环境是"割资本主义尾巴"，中央对这种变通行为并没有正式承认，却也保持了容忍。到 1978 年《中共中央关于加快农业发展若干问题的决定（草案）》和 1979 年《国务院关于发展社队企业若干问题的规定（试行草案）》则正式加以确认。另外，无锡县委还将社队企业与附近大中城市的国有企业联营，突破了中央对原材料、能源、设备等的计划分配体制限制。对此，中央也是到 1980 年《国务院关于推动经济联合的暂行规定》和 1986 年《国务院关于进一步推动横向经济联合若干问题的规定》，将这种联合转变为正式制度。另外，1992 年，在中央宣布建立"社会主义市场经济体制"的决定下，许多既不是经济特区也不是沿海开放城市的内陆城市也建立了许多经济开发区，中央对此的态度大体上也是不了了之，并未加以取缔。

最后，我引用党的十九届四中全会《关于坚持和完善中国特色社会主义制度，推进国家治理体系和治理能力现代化若干重大问题的决定》中的一句话作为今天下午发言的结语："健全权威高效的制度执行机制，加强对制度执行的监督，坚决杜绝做选择、搞变通、打折扣的现象。"从我们的理论来理解，即在目前的情况下中央政府认为当前社会环境冲击的相对大小已经逐渐可控，到了应该强调严格执行、讲规矩的阶段了。

（作者单位：中国社会科学院大学经济学院）

新中国经济站起来、富起来到高质量发展的历史逻辑

赵学军

为纪念中华人民共和国成立70周年，中国社会科学院党组将撰写《新中国经济建设70年》一书的任务交给了经济研究所，由中国现代经济史研究室承担了这一工作。我们在讨论此书的中心线索时，学习了《习近平谈治国理政》等著作。2017年7月26日习近平总书记在省部级主要领导干部专题研讨班开班式上发表重要讲话时指出："中国特色社会主义不断取得的重大成就，意味着近代以来久经磨难的中华民族实现了从站起来、富起来到强起来的历史性飞跃。"[①]我们根据习近平总书记的讲话精神，将本书暗含的叙事线索确定为：新中国经济建设70年，是从站起来，到富起来，再到走向强起来的70年。

我们确定《新中国经济建设70年》的写作主旨是：通过分析1949年到2018年中国经济体制的变迁、经济运行的绩效变化、经济总量的增长与经济结构的优化、人民生活水平的提升，以客观事实与准确数据，叙述一个历史悠久的大国从封闭经济转向开放经济、从传统经济晋级现代经济、从积贫积弱发展到国强民富的伟大变革历程，正确反映出中国共产党领导经济建设取得的辉煌成就，反映中国经济独特的发展道路。

《新中国经济建设70年》分为上中下三篇展开论述。

[①] 《习近平谈治国理政》第二卷，外文出版社2017年版，第62页。

上篇论述中国经济实现了"站起来",时段是 1949—1978 年。主要内容有:近代中国一穷二白的经济遗产;新中国收回了近代丧失的经济自主权,独立自主地发展经济;国家完成了经济体系的再造,建立了社会主义公有制,实行计划经济体制;建立了独立完整的工业体系;人民生活得到改善,等等。

讨论中国经济"站起来"问题,必须从中华人民共和国的成立谈起。我们认为,中国经济"站起来"的前提是中华人民共和国的成立。1840 年鸦片战争之后,中国不断受到列强的侵略与掠夺,一步一步沦为半殖民地、半封建社会。腐败无能的清政府签订了一个又一个不平等条约,割地赔款,丧失海关、外贸、金融、铁路、矿产等国家主权。帝国主义在中国设立租界,划分势力范围,攫取经济特权。再加上封建主义、官僚资本主义的压迫,中国经济发展戴着沉重的枷锁,举步维艰,积贫积弱。1949 年,在中国共产党的领导下,中华人民共和国成立,实现了民族独立、人民解放、国家基本统一、社会稳定。新中国成立以后,收回失去的经济主权,走上独立发展之路。

讨论中国经济"站起来"问题,必须从实行的制度基础——社会主义制度展开分析。中国以苏为师,20 世纪 50 年代,实施了农业、手工业和资本主义工商业的社会主义制造,将私营经济转变为社会主义公有制经济,建立了传统的单一社会主义公有制经济体制,确立了社会主义公有制基本制度,建立了苏联模式的计划经济体制。这是经济"站起来"的制度基础。

怎么判断中国经济"站起来"呢?我们认为,经济"站起来"的一个标志是中国基本建立了独立完整的工业体系和国民经济体系。这也是经济"站起来"的实力。

我们认为,经济"站起来"的发展模式是政府主导的计划经济体制模式。虽然计划经济体制出现了诸多问题,但在当时的历史条件下,便于政府集中力量办大事,强力推进工业体系与国民经济体系建设。计划经济体制的历史作用要一分为二地看,在"站起来"

的进程中，计划经济是做出过贡献的。

中篇论述中国经济"富起来"，时段是 1978—2012 年。主要内容有：社会主义市场经济体制改革目标的确立；社会主义市场经济体制的建立与完善；社会保障制度的完善与人民生活质量的提高；农村改革与经济发展；城镇化的快速推进；科技、教育与人力资本的提升；中国经济融入全球经济体系，等等。论述中国经济"富起来"的过程与内在逻辑。

中国经济"富起来"的标志是中国 GDP 总量占全世界总量的第二位，人均 GDP 在世界的排名也得到大幅提升。我们认为，社会主义市场经济体制培育了中国经济"富起来"，这也是共识。改革开放确立了中国特色社会主义道路，为经济建设指明了正确的方向。而激发中国经济"富起来"的体制基础，是社会主义市场经济体制。公有制为主体、多种所有制经济共同发展的社会主义基本经济制度，保障了多元经济主体的权益，从而保障了中国经济的活力，促进了市场主体的创造力。

改革开放 40 年来，中国积累的人才资本，是推动经济"富起来"另一关键因素。主动融入世界经济体系，是改革开放 40 年后中国经济富起来的重要外部因素。中国能够运用国内与国际两个市场、两种资源，加快自身的经济发展。中国建立了新型外向型经济，从 1978 年的贸易小国一举成为世界贸易大国。中国国内制度开始与国际制度接轨，促进了经济体制与经济发展模式转型。这些转型又反过来推动了中国经济的增长。

在经济"富起来"的进程中，中国走的是政府主导下的市场机制，比如，政府制订五年规划，对经济发展有重要的引领作用；政府采取强有力的财政政策、货币政策、产业政策、土地政策。

下篇重点论述中国经济走向"强起来"，中国经济从高速增长转向高质量发展，时段是 2012 年至今。主要内容有：经济转型与供给侧结构性改革；"精准扶贫"与乡村振兴战略；金融风险与防范化解；生态文明建设与绿色发展；创新经济体系的构建；构建全方位开放新格局，等等。论述中国从高速度发展转向高质量发展的原因与措施。

中国经济从高速发展走向高质量发展，主要原因是：社会主义新时代提出了高质量发展的要求，新时代的社会主要矛盾发生了变化，不平衡不均衡不充分的矛盾要求高质量发展。

为了促进高质量发展，采取的措施如下：第一，以供给侧结构性改革促进高质量发展；第二，以现代经济体系建设来保障高质量发展；第三，以防范与化解重大风险、精准扶贫、污染防治"三大攻坚战"为抓手，推动高质量发展；第四，以全面开放新格局助推高质量发展。我们认为，未来在高质量发展阶段，经济发展机制应该是市场机制下发挥政府的主导作用。

（作者单位：中国社会科学院经济研究所）

抓住机遇,创造有活力的开放经济新体系

佟家栋

自 2018 年 3 月开始,美国启动了针对中国的贸易制裁,中国被迫应对。国际货币基金组织预计,2019 年全球经济增长为 2.9%,全球贸易增长仅为 1%!美国经济增长为 2.3%,贸易摩擦使美国经济下降 1%;加上美国大选的因素,使中美贸易摩擦以达成第一阶段协议的形式暂停。中国也消耗了自身的精力,2019 年经济增长大约为 6.1%,预计 2020 年为 5.8%。中国制造业企业支撑外部和内部压力有相当困难,一些企业为自保,竞争性压价抢单,威胁着企业各自利润的获得。中美双方都需要喘息一下。

一 是暂停,而不是结束

中美第一阶段贸易协议签署之后,美国总统特朗普就大肆造势,说中美两国签署了一个伟大的协议,实际上,美国著名中国问题专家指出,就对华政策而言,谁当下任总统并不重要,因为,美国对华政策转向强硬是机制化的、选民驱动的、跨党派的、全国性的变化,不只是由总统一人决定的。即便下一任总统是民主党人,对华政策也不会有太大变化。面对第一阶段协议,我们国内有一些学者盲目乐观,甚至说,中美贸易战已经有了结果。

在我们看来,中美贸易战不是简单的为特定阶段贸易收支,乃至国际收支平衡而引发并持续的贸易战,而是守成大国与崛起大国之间为未来世界上,美国是否还能够作为经济实力的第一大国,科

技发展的引领者，进而维护世界霸主地位的竞争。这是以贸易战形式表现出来的大国战略地位的争斗，是战略性贸易战。这就决定了，这种竞争在没有明显的胜负之前是很难停顿下来的。现在只是一次喘息。同时，我们也看出了，中国是否能够顶住美方的打压，关键是我们的制造业和科技的发展，关键看，我们制度的优越性能否在现实的对峙中充分体现出来。因此，这次暂停是我们强壮身体、弥补不足、强身健体的机遇期。

二 体制机制的优越性要有符合国际规范的实现形式

一个经济体的体制机制是否优越，决定于制度的自我完善能力和动力机制。

首先，生产要素的配置是否在市场经济发挥主导作用的环境下，获得最有效的配置？市场上商品的供求是否能够依靠价格机制加以调整？企业的生存是否能够通过优胜劣汰加以调整？因而企业竞争依靠生产产品的数量和质量成为自然；所有企业是否能够公平竞争，进而获得应有的收益？政府是否采取"中性竞争"原则，不偏袒任何一类参与市场竞争的企业？这一系列的问题的核心是，政府能否给社会经济的宏观和微观运行创造一个公平竞争的环境。因为这种企业公平竞争的环境意味着企业可以因为内在的追求利润压力和外在生存压力发明或采用新的科技成果，用于产品的生产过程，因而企业的生存压力与企业科技创新，采用新的科学技术成果的动力高度一致。因此，对绝大多数企业而言，它们的生存能力是企业自己的事情，当面临外部的垄断竞争压力时，企业需要借助本国政府的力量改变企业竞争的力量对比。所有这类竞争，在很大程度上就是战略性产业的竞争。比如类似华为、中兴、大疆等关系到未来产业主导地位的战略产业竞争。因此，企业和政府两个积极性都能够自然地被调动起来的机制才是一个有竞争力的、能够抗击外部打压的、有活力有效率的经济体制机制。

1996年，澳大利亚联邦政府在《联邦竞争中立政策声明》（Commonwealth Competitive Neutrality Policy Statement）中最早提出了竞争中性（competitive neutrality）的概念和政策。其含义是，在政府重大商业活动中，政府不能凭借公共部门所有者的身份，利用立法或财政权力，获得优于其他私人部门竞争者的完全竞争优势，在非营利、非商业活动中则不适用此原则。具体要求税收中性、借贷中性、回报率要求、监管中性、全成本定价，等等。建立一种充满活力且高效的市场经济体制机制，是中国企业增强抗打击能力的根本。

与此相适应，政府的职能要实现转型。从国内的角度看，竞争中性是防止政府过多干预，扭曲市场竞争，实现不同所有制企业公平竞争的制度规范；从国际角度看，竞争中性意味着在国际贸易和投资中，对所有企业（本国企业和外资企业包括国有企业）一视同仁。

竞争中性本质上是约束政府行为的重要原则。一方面，它明确了市场经济的改革方向和标志，另一方面，在转型期尚未完成时，经济发展，乃至经济的持续增长成为转型中发展中国家需要特别关注的问题。一个经济体的抗冲击能力根本上是建立在中性竞争环境下的企业自我生存能力，而不是政府的输血能力。

要实现一个充满活力的开放经济体系，需要做到：不同所有制下的资本应该是竞争决策的唯一力量；市场力量在资源配置中发挥主导作用；一个良好的法制化、国际化、市场化的营商环境非常重要；深化改革与开放经济体系的建设要具体化为微观、宏观经济的活跃、经济总体在数量和质量上的合理增长。因此在中美贸易战短暂的喘息时间，我们要着眼于市场经济为主导改革方向的制度完善与制度改革，党的十九届四中全会，以及近期中央出台的一系列文件都明确，继续加强开放型市场经济建设，中国对外开放的大门只会开得更大。

三 问题与困境

然而，在完善我国社会主义市场经济制度的建设中，如何处理好市场与政府的关系,如何处理好看得见的手与看不见的手之间的关系,还存在一些有待解决或完善的问题。比如,混合所有制改革如何具体为经济运行机制的高效率,而不是单纯理想化地有机结合;企业在市场上的竞争还不能达到公平或中性,从而表现为国有企业的行政垄断仍然具有明显的优势,偏袒式的非中性竞争大量存在,使民营企业处于市场竞争的劣势地位;在法制化、国际化、市场化的营商环境的建设上,法律、规范、政策、措施如何系统配套,而不是碎片化;在国有企业那里,大胆试、大胆创、自主改,表现为不敢试、不敢闯、谨慎改,对容错机制的贯彻普遍充满疑虑,不出错成为各级行政干部较为普遍的工作准则;我们追求的是建立一个高效的、充满活力的开放型市场经济体制机制,而在现实中,在某些领域,或在某种程度上表现为活力欠缺,抗打击能力令人担忧。因此,无论我们从完善自身的制度建设、充分发挥自身制度优越性的要求,还是面对外部巨大的战略竞争压力,都要求我们进一步完善市场经济制度,充分发挥看得见的手和看不见的手的协同作用。中美贸易摩擦检验着,甚至是继续考验着我们的经济,乃至经济体制机制的国际竞争力。要求我们撑得住,能发展!

四 改什么? 如何改?

所有制体系的改革要有一个明显的突破,为形成有活力的经济体系创造良好的产权制度基础,在充分认可多种所有制并存的前提下,探索多种所有制并存条件下,能够充分发挥不同性质企业的生产积极性和科技创新,新技术采用的积极性;有效贯彻"竞争中性"原则,而不是偏袒国营企业,创造一个良好的市场经济环境;公平竞争下,有竞争力的企业利益才能有效实现。

创造一个法制化、国际化,选择符合中国经济发展状况的开放经济体制,提高国际竞争力,理直气壮参与国际经济秩序改革和重建。

创造一个对改革和创新、试错没有后顾之忧的体制机制环境,是深化中国经济体制改革的重要前提。

五　结论

我们不认为外部不确定性冲击已经结束，相反更加惨烈的竞争还会不断地冲击我们，因此我们必须抓紧时间强身健体；开放经济新体系是以微观经济充满活力和调整能力为基础；深化中国经济的体制机制改革，大胆试、大胆创、自主改才是形成经济活力的推动力；竞争中性是更加规范、更加开放的经济体系得以建立的出发点；没有后顾之忧的深化改革和开放的政治生态是政府、企业和个人积极作为的关键。党的十九届四中全会为我们今后实现深化改革和开放、建立新经济体系提供了重要的依据。

（作者单位：南开大学）

为什么现阶段重提消灭私有制是错误的
——基于马克思主义理论史和社会主义实践经验的分析

沈 越

近年来出现了一股否定民营经济的错误思潮,如民营经济退场论、新公私合营论等。这引发了民营企业家的恐慌,为此习近平总书记于2018年年底主持召开了民营经济座谈会。在会上他批评了上述错误观点,以党中央的政治权威,阻止这股错误思潮的蔓延。为什么这些既有违40年来中国社会主义的成功经验,又与党和政府大政方针相悖的错误观点,竟能在目前大行其道呢?这显然有深刻的理论背景,需要从马克思主义理论史和社会主义经济史的角度剖析其来龙去脉。

这股错误思潮泛起直接源于2018年年初,某权威网站刊登了中国人民大学周新城教授的一篇文章,文章以《共产党宣言》(1848)中的一句名言为题,即"共产党人可以把自己的理论概括为一句话,消灭私有制"。该文站在共产主义意识形态的道德高地,貌似正确地重提消灭私有制的话题。这引发了一系列否定民营经济的错误观点出笼。周文(简称)错误的关键在于,混淆了共产主义和社会主义的历史界限,把共产主义的目标当成社会主义甚至是初级阶段的现期任务。关于这个错误的由来,还得从马克思主义理论史的源头谈起。

(一) 社会主义与共产主义之间缺乏明确界定的探源

在马克思和恩格斯早年和中年的话语中,社会主义是一个带贬义的术语,正如我们在《共产党宣言》(1848)中所见到的社会主义概念,因而他们追求的理想社会不是社会主义,而是共产主义。

这种状况直到恩格斯去世前不久（1894）才有所改变，他在一篇文献中褒义地接受了社会主义概念。在这篇文章中，一方面，他一如既往地坚持共产主义理想，认为生产资料社会化和国家消亡是共产主义的基本特征；另一方面，他又从实际出发，认可和接受了当时欧洲左翼力量倡导的社会主义，并把其作为实现共产主义的中间阶段。与他和马克思追求的共产主义不同，许多社会主义者既没有这么远大的理想，也不赞成用革命方式消灭私有制和商品市场经济。

其实马克思到了晚年，也意识到自己早年思想中有过于理想化的成分，认识到共产主义理想不可能一蹴而就。他在《哥达纲领批判》（1875）中，把原来设想的共产主义社会一分为二，认识到理想的实现是一个漫长的渐进过程。按照他的设想，在第一阶段已不存在生产资料私有制，尽管在按劳分配中还保留着与商品交换同一原则的"市民权利"，但商品经济也不复存在。十分明显，马克思所说的这个历史阶段已经属于共产主义社会，而不是社会主义。

马恩晚年的思想具有一致性，但也存在差别：恩格斯是从社会主义运动的实际出发，他所接受的社会主义中允许存在私有制和商品经济；而马克思则是从理论逻辑出发，其推论出来的共产主义第一阶段已不存在私有制和商品经济。尽管他们论及的都是实现共产主义理想的中间过渡阶段，但恩格斯认可的社会主义比马克思的共产主义第一阶段发展水平更低，也因之与现实更接近。

列宁没有注意到马恩论及的过渡阶段的不同，在《国家与革命》中，他遵从恩格斯的做法，在把社会主义正式纳入马克思主义理论体系的同时，却把社会主义理解为共产主义第一阶段。这也是后来的马克思主义者把社会主义等同于共产主义，忽视二者差别的由来。

（二）社会主义实践的经验与教训

列宁对马恩社会主义思想的阐释，对后来社会主义实践产生了深远影响。尽管实践一再证明，在社会主义时期尚不可能取缔私有制和商品市场经济，但由于上述理论阐释脱离实际，并束缚着实践，人们一直把私有制与商品市场经济视为社会主义的异己物。即便人们在不得不尊重现实之时，也始终把允许私有制和商品经济存在视为勉为其难的权宜之计。直到中国改革开放以后，这种理论脱离实践的状况，才开始有所改变。从十月革命后算起，社会主义先后实行过五种经济体制。经过艰难探索，付出巨大成本后，社会主义才逐步把原来排斥在体制外的私有制和商品市场经济内生化。

1. 按照马克思论述的共产主义第一阶段特征构建起来的第一种经济模式，是军事共产主义体制。这种体制完全排斥私有制和商品市场经济，它在摧毁原来市场渠道，尤其是割断城乡之间物质交流时，新的计划体制却没能建立起来，面包黄油没有了，新生苏维埃政权陷入危机中。

2. 列宁审时度势，从实际出发，很快将第一种脱离实际的体制转变成新经济政策。由于这种模式承认私有制和商品市场经济的合法性，经济运行得以恢复，新生政权也渡过了危机。但是列宁尚未来得及总结前后两种经济体制的经验和教训便离开了人世，随之而来这种经济模式就被当成一种权宜之策而放弃。

3. 斯大林主导下建立起来的高度集权的计划体制是第三种模式。这种体制虽然没有赋予私有制合法地位，但也接受了军事共产主义体制的教训，承认国有经济和集体经济是两种不同的所有制，主张在制定和实施计划时利用价值规律。尤其是强调消费品是商品，避免公众吃计划的大锅饭，以便于集中资源进行重点建设。这种体制曾一度拉动苏联经济高速增长，但是国强民穷、发展不可持续的弊端也非常明显。

4. 斯大林去世后，各社会主义国家先后通过改革形成第四种经济体制，即改良的斯大林模式。在这一模式下私有制与商品经济取得合法地位，但仍被限制在计划的大框框之内。改革之初，各国资源配置效率都有所改善，但随时间推移这种半计划半市场也渐现颓势。中国类似的改革起步较晚，但很快就走到其他社会主义国家前面，开始尝试第五种经济模式。

5. 改革开放之初，通过真理标准讨论，中国马克思主义者确立了从实际出发、实事求是地认识社会主义所处历史阶段的思想路线，开始冲破苏联的框框，提出社会主义初级阶段理论。在这一正确的历史定位下，私有制不再被视为社会主义的异己物，社会主义市场经济体制也随之建立起来。在新近召开的党的十九大四中全会上，私有制、市场经济同公有制、按劳分配一道，被正式纳入社会主义基本经济制度之中。正确认识社会主义所处的历史阶段，这是中国40年改革开放得以推进、经济社会发展取得巨大进步的根本性原因。

然而，社会主义初级阶段理论仍然没有完全解决社会主义与共产主义之间历史界限不清的问题。正如党的十五大（1997）报告指出："社会主义是共产主义的初级阶段，而中国又处在社会主义的初级阶段，就是不发达的阶段。"这段表述虽然正确，却有不足。它只谈及社会主义与共产主义的联系，没有涉及二者的差别。随着中国与发达国家差距缩小，最初预估社会主义初级阶段所需时间的节点临近（从20世纪50年代至21世纪中期约一百年），其理论上的不足就愈加明显。那种重提消灭私有制的错误观点就与此相关，似乎中国现在已临近向共产主义（第一阶段）过渡的时候了。

（三）回到马克思，从实际出发科学界定社会主义与共产主义

在马克思的理论体系中，有两种关于人类历史的演进模式。一是马克思（1859）将以往历史概括为依次递进的四个发展阶段。在这里他采用的是历史归纳法，这种方法只能证实而无法证伪，只能概括过去而无法演绎未来。所以马克思只能采用资本主义生产关系是"最后一个对抗形式"的表达方式来暗示自己的理想，而不是明示。换句话说，他只能断言旧制度必将走向衰亡，但新制度却无法从历史中归纳出来。苏联不了解这种方法的局限性，在四阶段后面简单地缀上一个社会主义与共产主义不分的历史阶段。当年作为一种理想或一种学术观点，这样的扩展未尝不可，问题在于苏联把这个历史模式宣布为不容置疑的教条，这就固化了社会主义与共产主义之间缺乏界定的问题，限制了后人从实际出发来认识社会主义历史地位的眼界。

二是马克思（1857—1858）采用逻辑演绎的方法，把人类历史划分为前市民的（vorbürgerlich）、市民的（bürgerlich）、后市民的（nachbürgerlich）三大形态，这种方法不仅可以刻画过去和现在，还可以推演出未来历史的大体走向。但是由于苏联把这些市民术语误译为资产阶级的，进而把与商品市场经济相联系的市民经济混同甚至等同于资本主义。这也把市民社会与资本主义混为一谈，与之相应，也模糊了与市民社会并列的共产主义（马克思称其为"无阶级的市民社会"）与社会主义的历史差别。

按照这个三大形态模式的理论框架，社会主义与资本主义处于同一历史发展阶段，都是以"物的依赖关系"为基础的市民社会。其不同之处在于，所有制结构中公有与私有的比重不同、政府在经济社会生活中的作用不同、现代化的道路不同。如果说西方世界是以资本主义方式实现市民化、现代化的话，那么中国正在以社会主义方式实现市民化、现代化。不言而喻，按照三大形态历史演进模式来审视社会主义所处历史阶段，那种消灭私有制的说法，不仅有违社会主义的现实，也不符合马克思主义正确的历史理论。

至于社会主义内的发展阶段，则可采用人均 GDP 或人均国民收入水平来划分。从 20 世纪中叶到世纪末，中国处于社会主义初级阶段；在世纪之交中国经济开始迈入社会主义中级阶段；目前中国经济正在走向社会主义高级阶段。

（作者单位：北京师范大学经济与工商管理学院）

我国现阶段的发展利益:凸显、意义与实现

丁为民

马克思说:"人们奋斗所争取的一切,都同他们的利益有关。"利益既是人们行为的动力,也是行为的结果。习近平总书记在 2015 年 11 月主持中共中央政治局第二十八次集体学习时提出"坚决维护我国发展利益"。党的十九大和十九届四中全会文献中,又反复提出更加自觉、坚定不移地维护我国发展利益。研究发展利益的含义及其在我国现阶段的作用及实现,对于丰富中国特色社会主义政治经济学,提高维护发展利益的自觉性有重要意义。

一 利益关系的重大变迁与发展利益的凸显

利益关系的背面是经济关系,其中,生产资料所有权主体处于利益关系的核心。在传统体制下,人们的经济行为主要是在公有制经济基础上进行的,公有经济是人们物质利益的主要来源。因此,公有经济特别是国有经济是人民根本利益和共同利益的基本保障,对发展和壮大公有制经济的追求,构成传统体制下推动人们行为的动力结构的最重要组成部分。即使在改革初期,在党的十一届三中全会上,中央提出"我们党所提出的新时期的总任务,反映了历史的要求和人民的愿望,代表了人民的根本利益",我们仍可以把这种根本利益和由此形成的利益关系理解为公有经济基础上人民的二元利益及由此形成的二元利益关系,因为当时只存在有着"重大差别"的两种形式的生产资料公有制。

改革开放40多年来，我国所有制结构已发生重大变化。主要表现为：在公有经济特别是国有经济不断发展，经济总量和控制力、活力不断增长的同时，其相对量却在下降，各种形式的非公经济不论在总量上还是在相对量上都迅速增长。这说明，我国的所有制主体已经多元化；与此相对应，利益关系也发生重大变化，由传统体制下通过计划协调的二元利益关系转变为主要通过市场协调的多元利益关系。利益主体的直接利益诉求已有重大差别：资本性质的企业显然追求的是利润率，越来越多的国有企业由于实现了混合所有也把利润率作为行为的重要目标，广大职工则由于劳动制度改革而在事实上被承认拥有劳动力所有权，从而把以工资为主体的收入作为自己的行为动力。与此同时，部分劳动者不再进入国有和集体企业，国有或集体经济不再是他们直接利益的提供者。更重要的是，通过对外开放，推进了我国融入全球经济的进程，我国的商品市场、资本市场等越发成为世界市场的组成部分。中国经济已经由过去的相对封闭经济转变为开放经济，与各国经济的互动不断加强。这些变化，构成我国新时代的重要特征和研究利益关系变动的重要基础。

与上述经济关系的重大变化相联系，我国进入新时代后，人民的共同利益也发生重要变化：在多元利益主体各自追求的利益之上，形成一种新型的、在传统体制不曾存在的利益，即各经济主体通过共同发展获得的利益，它首先表现为由于技术进步、产业升级和资源合理配置所形成的劳动生产率普遍提高和用以满足人民不断增长需要的物质财富的迅速增加。可以预见，随着改革开放和我国国际经济关系的发展，发展利益会进一步凸显。坚定排除国内外干扰，自觉地维护和实现发展利益，已成为各主体的共同追求和推动我国新时代不断发展的重要动力。

二 利益关系的动态分析与发展利益的经济意义

我国现阶段的多元利益关系，显然是人民内部的利益关系。应该承认，这种利益关系首先是一种矛盾的利益关系。从静态角度看，这种利益关系的内在矛盾会更加明显。"国进民退"或"国退民进"的争论，就是这种矛盾在意识形态上的表现。

实践表明，在这种利益关系中，劳资之间的利益冲突最为敏感，意识形态上的争论也最为激烈。这种争论首先表现为如何看待工资增长问题。对于这一问题，在现代经济思想史上，一直存在两种截然不同的态度：新自由主义者（以哈耶克为代表）强调工资的成本效应，认为在经济扩张期大规模投资造成工资水平提高，工资上升是经济减速、周期性危机的原因，因而只有低工资的市场才是有效率的市场，这被后人概括为关于工资与周期关系问题的"投资过度论"；凯恩斯主义、新古典综合派、凯恩斯左派等则强调工资的需求效应，主张提高工资水平，增加有效需求，以此提高市场的实现效率，他们被认为是"有效需求论"的倡导者。这种对立的观点，在我国近年来的理论界也有反映。

但是，如果从动态和发展角度看，情况就会变化。可以看到，在我国，正是由于近年来企业员工工资水平的提高，发挥了工资的倒逼效应，迫使企业采用新技术，改善生产条件，推动企业实现技术升级和产品升级，最终推动了产业结构调整和高级化，提高了生产效率，同时扩大了提高工资的需求效应，抵消了成本效应，缓和并化解了劳资矛盾。不同性质企业之间的矛盾，也可以通过贯彻党的十九大提出的两个"毫不动摇"，在发展过程中逐步得到化解。这表明，在我国现阶段多元主体所追求的各自利益之上，确实存在一个共同利益、最高利益或根本利益，这就是习近平总书记所概括的"发展利益"。这一利益，是正确认识和处理现阶段利益关系的结果和重要前提。

如果从价值角度考察，可能会进一步拓宽我们的视野，把握发展利益的国际意义。改革开放以来，我国劳动生产率持续提高。根据世界银行资料，按劳动者人均创造美元计算的全员劳动生产率，2001年与1990年相比，世界年均增长1.56%，而我国则年均增长

5.89%，大大高于世界年均增长水平，也高于美国的 3.75%、日本的 2.25% 和印度的 1.51% 的年均增长水平；2015 年与 2000 年相比，世界年均增长 2.26%，而我国则年均增长 9.05%，仍明显高于世界年均水平，更高于美国的 1.27%、日本的 0.79% 和印度的 5.53% 的年均增长水平。根据马克思的劳动价值论和国际价值论，国际范围内各国劳动生产率水平的相对变动，不仅会改变各国之间所持有的物质财富的相对量，而且会改变作为国际商品市场价格变动重心的国际价值量，改变各国劳动投入量与价值财富量之间的关系，从而从根本上重塑各国的经济地位和国际经济关系。而在我国，正是通过劳动生产率的持续提高，不断获得发展利益，逐步改变了我国的国际经济地位，对构建新型国际经济关系发挥了重要作用。

三 党的领导与发展利益的实现

当每个利益主体都在追求自身利益的同时，怎样才能使"发展利益"得以实现？美国主流经济学家奥尔森提出，传统的集团行为理论认为，有共同利益的个人组成的集团通常总是试图增进那些共同利益，然而，如果一个大集团中的成员有理性地寻求他们的自我利益最大化，他们不会采取行动以增进他们的共同目标或集团目标。奥尔森提出的集团行为悖论理论，构成了对我们提出的发展利益实现的挑战。

党的十九大报告以鲜明的语言回应了这一挑战：历史已经并将继续证明，没有中国共产党的领导，民族复兴必然是空想。我们党要始终成为时代先锋、民族脊梁，始终成为马克思主义执政党，自身必须始终过硬。改革开放以来的实践表明，中国共产党确实是带领中国人民追求共同利益、实现伟大梦想的核心和抗拒各种风浪的中流砥柱。

目前，在中国共产党的领导下，在国际经济关系中，坚决反对单边主义、霸权主义，是维护和实现发展利益的重要表现。历史表明，发展中国家为了实现发展，获得发展利益，已经进行了长期艰苦的斗争。而发达国家为了维护和扩大自己的领先利益、垄断利益，必然通过各种手段控制、压制发展中国家的健康发展。近年来发生的中美经贸冲突就是集中表现。

由这一冲突的性质所决定，这一斗争不仅难以避免，而且是长期、曲折、艰苦、全方位的。对此，我们要有更充分的准备。我们要始终坚持以做好国内工作特别是经济工作为基础，以提高劳动生产率为核心，以实现自主创新为重点。我们相信，在党的领导下，在我国和其他发展中国家共同努力下，发达国家通过领先和垄断得到的领先利益和垄断利益将趋于减少，发展中国家将会获得更多的发展利益。由此，国际经济中长期存在的"不平等的发展"将会被阻断，党的十九大提出的"维护世界和平与促进共同发展"等三大历史任务一定会实现。

（作者单位：天津师范大学经济学院）

坚持和完善中国特色社会主义制度

李 政

刚才听各位专家讲的很有收获。我上午一边听会一边思考，我们知道党的十九届四中全会《中共中央关于坚持和完善中国特色社会主义制度 推动国家治理体系和治理能力现代化若干重大问题的决定》，特别强调坚持和完善中国特色社会主义制度。为什么坚持和完善中国特色社会主义制度？实际上上午很多专家已经说了，我想确实是值得我们思考的一个问题。首先，背景是当今世界正处于百年未有之大变局，而这个百年未有之大变局中，中国崛起是其中一个非常核心的部分，中国崛起本身就是百年未有之大变局中的一个重要因素。西班牙皇家埃尔卡诺研究所网站2019年9月刊登了巴勃罗大学教授恩里克凡胡尔的一篇题为"中华人民共和国的70年"的文章，该文章指出，中国崛起为当今世界强国之一，是这个时代最重要的事件之一。

那么中国崛起的原因究竟是什么呢？对此，到目前为止已经有许多不同的答案。其中在上个十年或更早时候总结的时候曾经非常流行的一个观点是中国走了市场化和私有化即资本主义的道路，现在事实证明这是非常错误的观点。其实，中国共产党的领导，中国特色社会主义道路和基本经济制度，社会主义市场经济，政府和市场各自分工、共同发挥好资源配置和宏观调控的作用，就是中国崛起的关键密码，这足以说明我们为什么一定要坚持基本经济制度。但我们知道，尽管中国经济发展取得巨大成功，但也还存在很多问题，所以需要在坚持的基础上完善基本经济制度，特别是完善国有经济制度。这就对我们国企改革提出新的要求和指导。对此,我谈一些体会。

首先是创新与发展。党的十九届四中全会对社会主义基本经济制度做出新的概况,即"公有制为主体,多种所有制经济共同发展","按劳分配为主体,多种分配方式并存"和"社会主义市场经济体制"三位一体并列其中,共同作为社会主义基本经济制度的组成部分,这是中国特色社会主义政治经济学的创新与发展,具有十分重大的理论与现实意义,是马克思主义中国化的最新成果,也是对中国改革成功经验的总结与概括。这三者加在一起,正是中国崛起和中国奇迹的经济密码,是我国经过几十年反复探索和实践寻找到的正确发展道路。这是今后改革中必须要坚持的部分。具体到多种所有制经济如何共同发展,公有制的主体地位和国有经济的主导作用如何体现,不同所有制经济的具体表现形式,多种分配方式如何并存,如何使按劳分配和按要素贡献分配更加科学合理,怎样进一步建设好社会主义市场经济体制,使政府和市场都能更加充分发挥应有作用,而不缺位、错位和越位,则是今后需要进一步努力创新和发展的方向。

对国有企业改革而言,党的十九届四中全会提出了新的具体要求。首先,国有企业改革既要坚持公有制为主体,又要坚持多种所有制经济共同发展;既要坚持按劳分配为主体,又要允许多种分配方式并存;要坚持社会主义市场经济的改革方向。国有经济和国有企业不能独善其身,不能抱残守缺、故步自封。其次,国有企业改革要探索公有制的多种实现形式,推进国有经济布局优化和结构调整,发展混合所有制经济。这里蕴含着很多理论创新和学术探讨的空间。

国有经济本身是一个历史性的概念,我们最早是国营经济,以后出现国有经济和国有企业,我们现在把国有经济改革简化成国有企业改革,其实这不是一码事儿。国有企业本身在传统上只是国有独资企业,而国有独资公司或者国有控股公司严格不叫国有企业,所以这些问题需要澄清，现在这些问题上都在进行探索。这里我们提出什么？公有制不只是国有企业一种形式，国有企业不是国有企业的全部，国有企业的制度需要不断地完善，国有企业需要创新发展。其实在四中全会精神指导下，我国国有企业改革要在坚持基本经济制度的前提下，从国有企业自身的改革回到国有经济的改革，要着眼国民经济和国家经济高质量发展，而不仅仅是国有企业自己做强、做大、做优的问题，我想更重要的是致力于国家经济高质量发展，同时着眼于其自身和国家的治理体系和治理能力现代化提升。

（作者单位：吉林大学中国国有经济研究中心）

普惠金融精准扶贫、精准脱贫的理论与政策

陈银娥

一 引言

当前中国特色社会主义进入新时代，新一轮科技革命尤其是互联网金融等快速发展，为当前扶贫攻坚工作提供了新的工具，也带来了巨大挑战，新时代的扶贫工作任务更加艰巨。各国扶贫理论与实践均表明，金融扶贫尤其是普惠金融发展在农村扶贫工作中具有其他扶贫方式所不具备的独特作用。因此，对普惠金融及其精准扶贫、精准脱贫的作用及效率等一系列问题进行思考和论证具有十分重要的理论意义和现实意义。

国内外学者围绕这一重大问题进行了深入研究，取得了较多研究成果。从现有研究成果来看，理论界比较全面、系统地论述了微型金融减少贫困的作用机制及其影响，学界普遍认为，微型金融是实现普惠金融目标及精准脱贫的一个重要工具。同时，关于普惠金融及其反贫困问题的研究不断深入。普惠金融的内涵及测量指标体系也在不断扩展；关于普惠金融影响因素的研究从供给层面的因素逐渐深入需求层面的个体特质尤其是心理特征因素等方面；普惠金融精准扶贫问题的研究视角已由静态转化为动态，由结构转化为空间机制，整体研究较为成熟，为理论界后续研究提供了启发。从世界各国普惠金融反贫困的实践来看，各国普惠金融实践呈现出与其他反贫困干预政策相互合作、共同作用的趋势，因而其未来的发展

方向是与其他社会项目相互合作，共同满足贫困家庭的不同需求，实现精准脱贫。

二 普惠金融精准扶贫、精准脱贫的理论分析

精准扶贫、精准脱贫思想是马克思主义贫困理论在中国的创新发展，同时也是中国治理贫困问题的指导性思想和纲领性文件，是全面建成小康社会的重要保证；普惠金融是信贷权和扶贫方式的创新，实现精准扶贫、精准脱贫的理论依据主要有内生金融发展理论、金融创新理论、农村金融发展理论、金融排斥理论、互联网金融相关理论等。这些理论都从不同角度对普惠金融精准扶贫、精准脱贫的作用、方式、模式等诸多方面进行了有益探讨。理论与实践均表明，普惠金融发展通过促进金融公平包容发展，聚焦解决贫困群体、低收入群体、小微企业和欠发达偏远地区的金融排斥问题，有利于直接和间接推动精准扶贫、精准脱贫目标的实现，解决"扶持谁"和"谁来扶"的问题。

当前，我国农村普惠金融体系不断完善，普惠金融机构数量不断增加，"互联网＋金融"推动了农村普惠金融的发展；而且，东部地区普惠金融发展水平总体较高，而中部和西部地区的普惠金融发展相对滞后。我国农村贫困人口逐年减少，扶贫工作成效显著，全国各省市的多维贫困指数普遍随时间呈下降趋势，历年教育不足型贫困、健康缺失型贫困和收入不足型贫困是致贫的三大主要因素；尤其是，连片特殊困难地区脱贫攻坚取得较大的成果，区域内经济持续增长，贫困人口持续减少，但金融扶贫仍存在着金融体系不完善、金融扶贫政策缺乏针对性、信用制度不完善、保险和风险补偿机制不健全等诸多问题。

精准扶贫、精准脱贫战略于 2015 年提出，随后国务院颁布了《关于印发推进普惠金融发展规划（2016—2020 年）的通知》，各地先后开展了普惠金融精准扶贫、精准脱贫的实践，涌现了普惠金融

精准扶贫的"田东模式"和"宁德模式",成效显著,但仍存在着农村普惠金融扶贫精准识别不够、"普惠性"供给不足、"效用性"需求缺乏等问题。整体来看,中国普惠金融的精准扶贫、精准脱贫效应存在空间集聚性,大多数西部贫困地区普惠金融精准扶贫、精准脱贫效应空间差异较小,需要继续发展农村普惠金融,共同发挥出减贫成效,而安徽、新疆等省份的贫困人口较多,普惠金融精准扶贫、精准脱贫效应空间差异较大,农村普惠金融发展还有待完善;普惠金融精准扶贫实际上是一个博弈的过程,金融机构与贫困人口之间的博弈呈现出长期性和动态性的特征,农村普惠金融机构将服务对象精准定位于农村贫困劳动年龄人口,可以实现精准扶贫、精准脱贫的效果。

理论与实践表明,普惠金融发展与精准扶贫、精准脱贫之间存在相互依存、相互促进的共生动态关系。运用数据包络分析,采用泰尔指数及 Moran's I 指数模型等方法对中国农村金融扶贫效率的区域差异及空间分布,以及基于普惠金融精准扶贫的实际数据运用三阶段 DEA 模型对中国贫困地区农村普惠金融精准脱贫效率的实证分析结果表明,我国各地区农村金融扶贫效率整体水平不高,并呈南高北低、东高西低的空间非均衡分布;而且在空间分布上具有显著的区域聚集效应,相邻地区间存在较强空间溢出效应;普惠金融在农村贫困地区的实践大大地提升了精准扶贫效率,在剔除外部环境因素影响的情况下,西部地区普惠金融扶贫效率大大提升且高于中部地区,而且在研究样本的 21 省份中没有省份处于技术有效,各省份或多或少均存在资源浪费,制约当前普惠金融扶贫效率的因素主要来自规模效率。

三 普惠金融精准扶贫、精准脱贫的政策建议

精准扶贫、精准脱贫作为扶贫工作的基本理念,贯穿于扶贫工作的全过程。因而精准扶贫、精准脱贫思想不仅是扶贫工作的具体

工作方式，更是一种扶贫体制机制和政策体系。普惠金融强调金融赋权，即要求所有人尤其是处于正规金融体系之外的农户、小微企业、贫困人群和残疾人、城镇低收入人群和老年人等特殊人群，都能"共享"金融资源，公平有效地获得价格合理、便捷安全的金融服务，因而发展普惠金融是全面建成小康社会的必然要求，更是实现精准脱贫的重要手段。尤其是，在当前我国经济发展处于新常态的大背景下，构建一个全面、动态、适应性强、可持续的中国特色普惠金融体系，实现金融服务覆盖率、可得性及满意度全方位提升的总体目标，增强各类人群对金融服务的获得感，具有十分重要的战略意义。因而应采取以下措施。

第一，根据《推进普惠金融发展规划（2016—2020 年）》的基本要求，从政府、金融机构、金融服务等多个层面建立多维层面的中国特色普惠金融体系。一方面，政府做好顶层设计，完善普惠金融扶贫政策；另一方面，针对当前我国普惠金融供给不足的问题，降低农村金融准入门槛，积极引导社会资本和金融参与农村普惠金融发展，将普惠金融服务机构主体从单一的小额信贷机构拓展至传统金融机构与新型业态主体多元共赢的局面。

第二，努力提高普惠金融精准扶贫的精准度。在扶贫攻坚的最关键时期，必须找准普惠金融精准扶贫的发力点和突破口，增强弱势贫困群体金融帮扶服务实效力，激发竞争弱势产业金融扶贫效能原动力，促进"三农"金融扶贫创新推动力，强化小微企业融资服务发展驱动力，提升集中连片特困地区金融扶贫政策导向力。

第三，促进县域经济发展，提升农村金融扶贫效率。必须促进县域经济发展，减缓县域多维贫困；加快县域金融体制改革步伐，为贫困县域营造良好的金融生态环境；创新县域金融服务产品与模式，提高金融扶贫效率与可持续性；优化金融资源配置，提升农村金融扶贫效率；加强区域金融合作交流，促进区域间金融资源合理流动。

第四，不断增强贫困人口内生动力，实现生计可持续及代际生计可持续，使贫困人口永久性脱贫、防止返贫。如不断优化生计策略和生计资本结构，建立健全脆弱性风险防控机制，合理发展扶贫产业项目，培育"造血"功能，提高内生动力，制定科学的长期考核标准，避免脱贫后返贫。

（作者单位：长沙理工大学经济与管理学院）

计划与市场:谁是配置资源机制的最佳选择

郭冠清

计划与市场：究竟谁是资源配置最好的手段？是一个百年未解的难题，也是我们长期跟踪的一个课题。1920年米塞斯发表了著名论文《社会主义共同体的经济核算》，否认社会主义条件下实行经济核算和合理配置资源的可能性，从"经济核算"的理论层面向社会主义发起了挑战。米塞斯认为，一旦废除私有制和市场之后，以公有制为基础的社会主义计划经济不可能实现资源的有效配置，因为它缺乏在市场竞争过程中形成的"货币价格"这一最基本的计算尺度。另外，米塞斯还从激励方面论证社会主义经济的不可行。在米塞斯看来，生产资料社会化排除了个人的物质利益，是社会主义企业缺乏内在动力的制度性原因。在米塞斯看来，由于资源配置的无效和激励机制的缺乏，社会主义计划经济不可能进行理性"经济核算"。

随着实践中苏联社会主义的发展，米塞斯挑起的论战影响逐渐扩大，并随着米塞斯得力助手哈耶克在伦敦的讲学和加入论战，米塞斯对于社会主义的批判思想为英语世界乃至更大范围的研究者所知晓，并引发更大的论战。反对米塞斯观点的学者主要代表人物有迪金森、泰勒、兰格等。他们以一般均衡理论的思路来论证社会主义经济可以实现资源的有效配置，认为，中央计划机关可以通过"试错法"来找到"正确的均衡价格"，从而实现总需求与总供给均衡。哈耶克通过发展米塞斯的观点，对上述批评米塞斯的观点作出反击。他认为，上述观点是以"社会计划者"拥有完美的知识的假设为基础的，而这种假设是完全错误的，根本就没有考虑到知识的分散化，也没有考虑到许多个人的有关"特定时空的知识"具有默会的性质；社会主义经济的真正问题也不是像兰格等人所想的那样如何确定和计算出"正确的均衡价格"的问题，而是如何建立能有效地利用个人分散化的、"默会的"知识的激励制度问题；更何况，市场价格的本质在于发现、传递和储存信息，而中央计划机关很大程度上缺失这种功能。

到20世纪40年代末，争论似乎已经结束，学界普遍认为，兰格模式代表了胜利的一方，其实不然。从20世纪50年代到80年代，正当西方经济学界的公开争论趋于平静的时候，伴随着苏联和东欧对计划经济体制的改革努力，在这些国家中，争论以"计划经济与市场之间关系"的形式再次出现，而随着苏联和东欧社会主义制度的崩溃，原来倡导"市场社会主义"的改革理论家开始结合社会主义改革历史来直接反思米塞斯们与兰格们的争论，并且几乎一致地对米塞斯和哈耶克的观点给予肯定。例如，科尔奈1995年的总结代表了原来的改革倡导理论家有点绝对化的这种新评价：当50年之后回顾这场争论时，我们能够得出这样的结论：在所有关键的问题上，哈耶克都是正确的。循着兰格路线朝着市场社会主义摸索的改革者们，通过自己国家的惨痛教训也认识到，兰格所提出的希望是美梦一场。

在新中国成立之后，我们面临计划与市场的选择问题，我们的经济非常差，选择什么样的发展道路，才能实现国家工业化，是一个重大而陌生的课题。以毛泽东同志为核心的领导集体，在对中国生产力所处阶段的发展状况进行深入分析以后，选择了计划主导的优先发展重工业的道路。毫无疑问，这是一条快速发展工业化的成本最低、风险最小的道路。原因在于，当时苏联通过重工业优先发展战略，在两个五年计划快速实现了欧洲第一、世界第二的工业产值，建立了完备的工业经济体系，苏联的成功实践对我国很有借鉴意义，"以俄为师"不仅可以减少试错的成本和制度设计的成本，还可以使我国的经济建设得到苏联的大力援助，这一点可以从"一五"

计划时期苏联帮助中国设计的 156 个建设项目明显地看出。至于为什么要选择重工业优先发展战略，陈云在 1955 年 3 月中国共产党全国代表大会上作的《关于发展国民经济第一个五年计划的报告》中深刻地指出，我国是落后的农业国，铁路和其他交通设备不足，五年计划的财力非常有限，如果平均使用，必然一事无成。如果没有重工业，就不可能大量修建铁路，供应铁路车辆、汽车等各种运输设备。虽然扩大轻工业可改善人民生活，但实际上当前许多轻工业设备还有空闲，原因除了缺少农业原料外，也缺少来自重工业的原料。再者，我们还处在帝国主义包围之中，需要建设一支强大的现代化军队。这一切都决定了我们不得不优先发展重工业。

既然选择了计划经济模式，那么还需要市场进行商品生产吗？陈云最早对它进行了回答，认为在计划与市场并存的情况下，更能发挥计划经济的作用，更容易实现综合平衡。不过，第一次将社会主义商品生产与资本主义商品生产区别开来是毛泽东，他突破了恩格斯公式、斯大林对恩格斯公式解释的限制，从理论上，破解了社会主义是否可以利用商品生产的历史性难题。遗憾的是，理论上的突破并不意味着在实践上我们能做得很好，商品生产在我国几乎没有建立起来，违背经济规律的"大跃进"，以及横扫"牛鬼蛇神"的"文化大革命"，使社会主义商品生产还没有来得及绽放，就已经被扼杀了。需要说明的是，改革开放前 30 年计划经济模式，为我国建立了门类比较齐全的工业体系和国民经济体系，为改革开放后经济的发展奠定了坚实的基础。

改革开放以来，我国逐渐在计划中注入市场元素，并在 1992 年邓小平"南方谈话"之后确立了社会主义市场经济制度。社会主义与市场经济相结合是人类历史上一次突破性的尝试，我们走向了在社会主义制度下以市场为配置资源的主要方式的发展道路。我国之所以能在改革开放后创造经济奇迹，那是因为改革开放前 30 年我国建立了与"苏联模式"不同的以地区分权化（regional decentralization）为基础的经济体系。虽然在"一五"期间，我国学习苏联经验，试图建立和扩大中央垂直管理的国有体系，但是，1958年的"大跃进"打破了原来的路径，毛泽东把88%的工厂管理权全部从中央部委下放到各级地方政府。虽然在1961年地方的管理权一度收归中央，但在1964年又把管理权下放给了地方。"文化大革命"更是"创造性破坏"，1968年连计划也取消了。改革开放前30年毛泽东将"苏联模式"中央计划彻底摧毁了，建立了一个以地区为基础的"条块"体系。中国的改革开放历史是一个社会主义与市场经济从不相容到逐渐相容的历史。基于"苏联模式"的"条"，在向地方放权后大量原属中央部委管理的企业划拨地方，"条"消融于"块"。在"块"的基础上，我们选择了市场取向的改革，在改革方式上，为了降低改革的阻力和减少改革的成本，我国选择了渐进式改革和增量改革方式。在"块"的部分，与"苏联模式"不同，中国地方政府具有的跨行业资本调整能力，让国有资本转到经济和社会高收益领域，使之可以从低效益企业转出，这就在很大程度上回避了"苏联模式"部委管理下的软预算约束问题，并恢复了合理的激励。通过20世纪末地方政府自发的国企战略重组逐步形成的新型国有制实现形式更进一步解决了社会主义"经济核算"的难题。在竞争性行业，由于多种经济形式的存在，重组后国企可以利用外在的市场价格信号进行经营，实现与市场经济的兼容。在赶超战略急需发展的战略性产业和具有自然垄断性质的行业，国企起到市场经济的引领者和稳定器的作用，在弥补市场机制缺陷的意义上实现与市场经济的兼容。同时，通过制度设计安排，我国可以在战略行业引入混合所有制或建立相互竞争的同类型国企来解决国企"经济核算"的难题。

随着中国特色社会主义市场经济制度的发展和完善，计划与市场关系在我国已经转变为政府与市场关系。在新的历史方位，以习近平同志为核心的党的新一代领导集体对政府与市场关系进行了重塑，提出了"坚持使市场在资源配置中起决定性作用，更好发挥政府作用",以及"坚持加强党对经济工作的集中统一领导"的新理念,这是计划与市场关系的新突破,是"计划与市场:谁是资源配置机制的最佳选择"的"中国方案"。

(作者单位:中国社会科学院经济研究所)

劳动力质量与民企劳动生产率：
马克思经济学视角下的研究

王艺明

改革开放40多年来，我国民营企业蓬勃发展，习近平总书记指出："民营经济从小到大、由弱变强，在稳定增长、促进创新、增加就业、改善民生等方面发挥了重要作用，成为推动经济社会发展的重要力量。"对于我国民营企业发展，特别值得关注的是，近年来一些企业在经营过程中遇到了不少的困难和问题，有"民营企业家形容为遇到了'三座大山'：市场的冰山、融资的高山、转型的火山"，对于其原因，习近平总书记指出，外因主要是"国际经济环境变化""我国经济由高速增长阶段转向高质量发展阶段""政策落实不到位"，同时还有民营企业自身的原因。

在当前经济背景下，研究我国民营企业的生产经营绩效无疑有重要的理论和政策意义。尽管已有大量文献研究我国民营企业，但其中研究生产经营绩效的较少。多数文献仅探讨了影响民营企业生产经营绩效的某方面因素，另外，确有少数文献对民营企业的生产经营绩效开展研究，但一般是以上市公司为对象。正如习近平总书记所指出的，"截至2017年底，我国民营企业数量超过2700万家，个体工商户超过6500万户……民营经济……贡献了50%以上的税收，60%以上的国内生产总值，70%以上的技术创新成果，80%以上的城镇劳动就业，90%以上的企业数量"。显然，仅以上市的或经济发达地区的200—300家民营企业，是无法代表我国数量庞大的民营企业，特别是其中大量的中小微企业。

因此，衡量民营企业的生产经营绩效并分析其影响因素，是一个待完成的重要工作。我们旨在应用马克思主义经济学方法，构建衡量民营企业劳动生产率的经济指标，作为其生产经营绩效的代表变量，并分析劳动力质量对企业劳动生产率提高的影响。我们的创新主要体现在以下两方面：首先，应用马克思关于劳动力质量和劳动生产率的基本概念以及劳动价值论等基本原理和方法，分析我国社会主义市场经济条件下的民营经济现象。我们的研究，可以视为是"把马克思主义基本原理同中国具体实际和时代特征结合起来，运用马克思主义的立场、观点、方法研究和解决中国革命、建设、改革中的实际问题"①的一个探索。其次，在现有马克思主义经济学研究基础上，我们构建理论模型，并提出基于劳动价值论的企业生产经营绩效衡量指标——劳动生产率的估计方法。马克思在劳动价值论基础上发展的劳动生产率概念，与科技创新、生产力进步密切相关，和现有研究中常用的财务绩效和全要素生产率等指标存在根本区别。无论从丰富发展马克思主义经济学，还是从促进我国民营企业发展角度，我们的研究都有重要意义。

马克思定义了"个别生产力（率）""部门的生产力（率）"和"社会劳动生产率（力）"三种劳动生产率，我们所要研究的民营企业劳动生产率属于"个别生产力"（率）的范畴，也即某个企业活劳动的生产率，它用"产品数量/个别企业的活劳动时间"表示。②借鉴著名马克思主义经济学家卫兴华教授提出的一个重要观点："一个国家或地区的生产力或劳动生产力的高低，就是用劳动生产率来测量的……可用人均 GDP 来测算……GDP 按不变价格计算，实际上是使用价值指标，而非价值指标。"③ 我们采用的做法是以"不变价

---

① 习近平：《关于中国特色社会主义理论体系的几点学习体会和认识》，《求是》2008年第4期。

② 阎存志：《马克思在〈资本论〉中对劳动生产率的论述》，《东北师大学报》（哲学社会科学版）1991年第4期。

③ 卫兴华：《科学把握生产力与生产关系研究中的唯物史观——兼评"生产关系决定生产力论"和"唯生产力标准论"》，载《清华政治经济学报》第2卷，社会科学文献出版社2014年版。

格"衡量部门或企业在不同年度劳均创造的新价值增长率,作为部门或企业劳动生产率的增长率的代表变量。也即,同年度、同部门内劳均创造的新价值越高的企业,其个别劳动生产率越高;在不同年度,以不变价格计算该部门或企业劳均创造的新价值的增长率,则代表了部门或企业劳动生产率的增长率。

在实证研究中,我们观测到的企业相关变量是用市场价格表示的,产品的市场价格围绕生产价格为中心而上下波动,而生产价格是产品价值的转化形式,其中涉及价值转形问题,目前这个问题没有定论,也不是我们的研究重点,一般认为产品价值和生产价格是很接近的。① 因此,在实证研究中我们用企业劳均创造的新价值,即工资、税收和利润总额除以员工数,作为企业个别劳动生产率的代表变量是可行的。

我们应用全国工商联从 2004 年到 2014 年私营企业的调查数据库来测算民营企业劳动生产率的变动趋势。从 2004 年到 2014 年,我国民营企业的劳动生产率共上升了约 1.69 倍,年均增长 5.39%,其间有两个显著增长阶段:2006—2010 年和 2012—2014 年。2006年以后我国民营企业在劳动生产率上分化非常明显,2006—2010 年,民营企业劳动生产率的中位数显著下降,但整体平均劳动生产率水平显著上升,说明美国次贷危机确实对部分民营企业产生了很大负面影响,但从整体来看,我国民营企业有很强的生命力,面对不利的外部冲击,在国家政策的支持下生产力仍然得到进一步发展。现有研究中常用来衡量企业和经济效率的全要素生产率,存在不同学者应用不同方法测算差异较大,以及对中国经济的测算发现全要素生产率增长率较低甚至为负的问题,很难解释改革开放 40 多年来的中国经济增长奇迹。我们构建的企业劳动生产率指标,可以为我国企业和整体经济效率提供一个更合理的衡量指标。

通过实证研究检验以受教育程度代表的劳动力质量对民营企业

---

① 李海明:《检验劳动价值论:方法与证据》,《经济学动态》2017 年第 9 期。

劳动生产率的影响研究发现，整体劳动力质量提高对民营企业劳动生产率的提高有显著正向影响。相对于初级教育，高级教育会通过将劳动者与高技术设备、先进技术和其他具有增长激励的投资结合起来，更好地促进企业劳动生产率提高，而且这一促进效应在经济发展、制度环境更为完善的东部地区得到了更好体现，在东北和中西部地区这一促进作用并不显著。特别值得注意的是，东北和中部地区劳动者的受教育程度对民营企业劳动生产率的提高产生了显著的负向影响，而且估计值较大，其原因可能是，受营商环境和经济发展方式等影响，如果没有激励和回报，就不会有高技术设备和先进技术对教育提供补充。教育虽然可以产生技术工人，但不能创造对技术工人的需求。因此，教育实际上被浪费了，而政府在教育方面的投入可能减少了有利于企业劳动生产率提高的公共支出，特别是在政府支出绩效较低的情况下，从而造成东北和中部地区劳动者受教育程度对企业劳动生产率产生显著负效应。

我们的研究对经济增长理论的贡献是，单纯基础教育的普及对企业绩效进而对经济增长的贡献是不显著的或很有限的，在特殊情况下，劳动者初级教育和高级教育程度的提高，甚至可能会对企业劳动生产率产生显著负向影响，后者主要是东北和中部地区。只有当劳动者能够实现"一般的科学水平和技术进步程度或科学在生产上的应用"，只有与高技术设备、先进技术和其他具有增长激励的投资结合起来，劳动力质量才会对生产起到推动作用；同时，营商环境和经济发展方式应能够较好地发挥民营企业家和劳动者的生产积极性。因此，应创造条件使劳动力质量能真正发挥提高劳动生产率的作用。

(作者单位：厦门大学王亚南经济研究院)

从非平衡到平衡：70年经济发展战略转型

从非平衡到平衡需要更好发挥政府作用

赖德胜

党的十九大报告指出：中国特色社会主义进入新时代，我国社会主要矛盾已经转化为人民日益增长的美好生活需要和不平衡不充分的发展之间的矛盾。这意味着增加发展的平衡性将是未来的一项重要任务。我们学过发展经济学都知道，第二次世界大战后对于发展中国家经济如何增长，经济学界是有过争论的。一些经济学家主张平衡增长，另一些经济学家则认为可行的道路是非平衡增长。后来发展中国家的实践表明，一个国家各部门各地区平衡增长是很难的，因为平衡是相对的，不平衡是绝对的。不过，非平衡战略虽然可能带来经济在一定时期有比较快的增长，但也会导致很多社会问题，比如"有增长无发展"，即经济增长的好处没有平等地惠及各方面人群，收入差距不断扩大，这谈不上发展，最后反过来又会影响经济的进一步增长。应该说，教训是很深刻的。

我国改革开放之前，虽然也采取过非平衡增长的措施，比如东北地区布局了很多重工业企业，后来西部地区又搞了"三线"建设等，但总的来说，特别是从资源配置方式来看，从收入分配的角度看，平衡性还是很明显的。平衡性措施实施久了，自然会影响效率，影响要素积极性和创造性的发挥。因此，改革开放后，邓小平同志提出要让一部分地区和一部分人先富起来，通过先富来带动后富，从而实现共同富裕。这显然是一种非平衡发展战略。这包括体制改革走渐进之路，搞增量改革；改革先从农村开始，积累起一定经验后再在城市进行；对外开放则从特区到沿海开放城市再到沿江沿边，等等。应该说，这种非平衡的改革、发展和开放之路，是非常有效的，短短的40多年间，我国经济能实现持续高速增长，并能保持社会稳定，即实现"中国之治"，跟这个非平衡战略是有关的。但实事求是地讲，在经济总量不断扩大、人民生活水平不断提高的同时，我国的不平衡性也扩大了，这既包括传统教科书所讲的不平衡性，比如地区差距扩大、城乡差距扩大、收入差距扩大等，也包括新的不平衡性，比如经济建设与政治建设、社会建设、文化建设、生态文明建设等的不平衡，人们对高质量产品和服务的需求与供给的不平衡等。

"从非平衡到平衡"，我觉得到目前为止，还没有完全破题。实际上，对于什么是平衡，什么是不平衡，也很难给出认识一致的界定。比如现在多数人认为城乡发展是不平衡的，那什么是平衡的城乡关系？用什么维度来衡量城乡关系的平衡性？另外，现在推动经济增长的一些力量，是内在的具有扩大非平衡作用的。比如说技术进步，它对就业的影响，既有所谓的工作岗位创造效应，也有所谓的就业岗位破坏效应，还有所谓的工作互补效应。从历史来看，很难说哪种效应更大，但现有研究表明，以人工智能为代表的第四次科技革命会导致"就业极化"现象，即对高技能和低技能劳动力的需求会增加，但对中等技能劳动力的替代会非常明显。也就是，技术进步对劳动力市场的影响是非平衡的。还有我们正在积极推进的京津冀协同发展、粤港澳大湾区建设、长三角一体化发展等发展战略，将会形成新的增长极，并对周边地区具有很强的带动辐射作用，但在一定时期内，也可能扩大这些地区与其他地区的差距，也可能具有非平衡发展的性质。

从非平衡到平衡，需要讨论的问题很多，其中一个是政府在实现非平衡到平衡过程中究竟该发挥什么样的作用。党的十九大报告提出，使市场在资源配置中起决定性作用，更好地发挥政府作用。这是对改革开放几十年成功经验的总结，是中国特色社会主义政治经济学的一大理论创新。只有发挥市场在资源配置中的决定性作用，才能激发要素和市场主体的活力，推动经济发展质量变革、效率变革、动力变革，从而促进经济持续增长，这是平衡的前提和资本。因此，要继续全面深化改革，破除限制要素市场化配置的体制机制性障碍，使价格能充分体现要素、产品和服务的稀缺性，促进要素自主有序流动，使要素各尽所能，各得其所。实际上，在理想的经济学模型中，根据"一价法则"，市场是能使资源得到优化配置的，从而实现均衡的增长。但即使不考虑信息充分性和外部性问题，就目前我国已存在的不平衡性来说，仅靠市场力量是很难实现平衡发展的，必须更好地发挥政府的作用。因为平衡增长不是说把好的拿下来，而是要把靠后的地区或者是人群推上去。比如说教育问题。人力资本理论已经证明，教育等人力资本投资是促进平衡发展的有力工具。但那些收入比较低的人群或者地区，所享有的教育资源少，如果纯粹靠市场调节，是很难改变他们的状况的。实际上，正是因为有政府的有效干预，比如加大对教育的投入，推进基本公共教育服务供给均等化，等等，教育的平衡性和充分性最近些年才有大幅改进。再比如收入差距问题。改革开放以来，我国的收入差距不断扩大，直到2012年前后，收入差距才开始不再进一步扩大，甚至有所缩小。收入差距的这种变化，应该说与政府的税收政策、转移支付政策、就业优先政策、脱贫攻坚战略等是密切相关的。这些政策通过"限高、扩中、保底"，使中等收入群体越来越大，贫困人口越来越少，到2020年将消除绝对贫困，从而全面建成小康社会。还比如生态文明建设。这曾经是我们的一块短板，一度环境污染严重，自然资源破坏严重。但自党和政府倡导"绿水青山就是金山银山"的理念和实行最严格的生态保护制度后，我们享有的清新空气和绿色环境越来越多了，并为全球环境治理贡献了中国智慧。

从非平衡到平衡，是高质量发展的内在要求，涉及方方面面。这将是个长期的过程，而且还可能有反复。但只要坚持"创新、协调、绿色、开放、共享"的发展理念,让市场在资源配置中起决定性作用,更好地发挥政府作用,我们一定能走出一条更加平衡更加充分的道路来。

[作者单位:中央党校(国家行政学院)社会和生态文明教研部]

新结构经济学视角下的产业升级与结构转型

王 勇

非常荣幸有这么一个机会跟大家一块交流。说到从非平衡到平衡，我想有很多点可以去讨论，比如说收入的非平衡，或者地区的非平衡，或者宏观结构的非平衡，包括消费、投资、政府开支与进出口之间的关系。我想就产业的非平衡发展从新结构经济学的视角谈一点自己的看法，这里面自然也会谈到市场和政府之间怎么样从非平衡到平衡的问题。

我们国家现在已经是中等收入国家，2018年人均GDP是9740美元，距离12000美元这条高收入门槛线已经不远了。学术界与政策界一直都在探讨"中等收入陷阱"这个问题。在现有的主流宏观经济学模型中，在讨论非平衡增长和平衡增长时，通常都是在单部门的模型中进行讨论。但是我们中国在增长过程中，农业、工业、服务业是非平衡变化的。随着人均收入的提高，农业的比重在下降，制造业比重先上升后下降，服务业比重在不断上升。这在经济学中被称为库兹涅兹事实。我国服务业2010年以后就已经成为创造就业机会最多的部门。但是对于服务业，我们目前的研究还非常有限，部分是因为数据问题，服务业的数据不如制造业这么好获取。

如果对服务业在GDP中的比重做跨国比较，我们就会发现，中国和其他国家相比，服务业占GDP比重是低于同等发展阶段国家的平均水平。这是不是意味着中国的服务业过于不发达？如果是，为什么会出现这样的问题？我们怎么样做才能促进服务业更大的发展？我们常常说中国要避免"脱实向虚"。我们制造业产品的质量还有很大需要提升的空间，但是制造业老板都在说赚钱太难了，还不如去炒房子。导致资源配置过早地离开实业，进入一些服务业，过早地去工业化。那么，对于我国来说，究竟什么样的服务业比重才是合理的呢？

很多研究者说我们应该先看看国际经验，比如说看日本、韩国，当它们处于同我国现阶段差不多的人均收入水平时这个比重是怎样的。这样做固然有借鉴意义，但是我国可能还存在一些不同于这些经济体的重要的独特性。我们应该如何看待我国的产业升级和结构转型，包括制造业内部从低质量向高附加值的产业升级，以及从制造业向服务业的结构转型，我们应该怎样分析不同部门之间的非平衡增长。

我和林毅夫教授合作的一篇英文论文"Structural Change, Industrial Upgrading and Middle-income Trap"就在探讨这些问题。我们将制造业分成低质量制造业和高质量制造业，将服务业分成上游的生产性服务业（包括金融、通信、交通、研发等），下游的消费性服务业（比如餐饮、旅游、娱乐等）以及和人力资本有关的社会性服务业（比如教育、医疗、养老等）。这些部门之间并不是互相独立的，而是存在投入产出表关联的。

我们的核心观点是说上游生产性服务的重要性在不同的发展阶段是不一样的。我们从数据中发现，成功跳出中等收入陷阱的国家，生产性服务业在 GDP 中的占比要高于陷在中等收入陷阱中的国家。而陷在低收入陷阱的国家的生产性服务业占 GDP 比重反而是更高于那些跳出低收入陷阱的国家。这说明，生产性服务的占比并不总是越高越好。从数据中我们发现，比起基础性低端制造业，要生产高质量的制造业或者生产消费性的服务业，都需要更多生产性服务业作为中间投入。如果是生产低质量或者是基础类制造业，并不需要太高的生产性服务业作为投入。

我国过去 70 年的前 50 年时间里，基本上是从低收入向中等收入攀爬的过程，除了农业之外还有很多劳动密集型的低端制造业，这些部门的发展并不太需要生产性服务业的投入,因此在这个发展阶段,生产性服务业如果不太发达并不构成经济增长的制约因素。但是,我们现在到了从中等收入向高收入趋近的发展阶段。老百姓收入水平比以前有了大幅的提高,根据消费的恩格尔定律,消费者对于高质量的制造业消费品和消费性服务业的需求上升很快,而这两大部门的发展都需要依赖高质量的生产性服务业作为投入,此时,如果上游生产性服务业不够发达,就会遏制制造业内部从低端基础制造业向高端制造业的产业升级,也会遏制从制造业向服务业的结构转型,进而阻碍宏观经济的增长。对于当前的中国来说,我们就需要保证上游生产性服务业的效率足够高,然而这个部门目前还存在较高的行政进入壁垒,国有比重也比较高,市场结构趋于垄断,因此需要进一步降低市场准入,通过加强企业间竞争提高效率,从而促进下游行业的发展。

此外,由于上下游部门之间的产业关联,当上游产业存在规模报酬递增与垄断竞争等市场结构问题时,自由放任的市场可能会出现多重均衡。这是因为与自我实现的预期有关。如果进入上游生产性服务业的企业(家)都比较乐观,认为该行业有利可图,他们就会更多进入上游生产性服务业进行投资,使得上游生产性服务业的市场竞争加强,效率提高,产出价格下降,这将有利于使用生产性服务业作为中间投入品的高质量制造业和消费性服务业的发展,使得后两者的产品价格也下降,相对于低端制造业产品变得更加便宜,同时也使得消费者的实际收入上升,无论是替代效应还是收入效应,都促使消费者更多地去消费高质量制造业产品以及消费性服务业,从而进一步提高对生产性服务业的需求,实现了事前人们认为该行业有利可图的预期。在这种乐观均衡里,制造业内部的产业升级与结构转型的程度都会比较高。根据相同的逻辑,如果上游企业事前比较悲观,那么就会形成产业升级与结构转型程度都比较低的悲观均衡。这种悲观均衡就可能导致服务业发展不足。而乐观均衡有时候会造成服务业比重过高和过早地去工业化。所以,就需要发挥政府的有为作用，纠正由于产业间关联以及规模报酬递增等原因所带来的市场失灵。

当然，除了农业、工业、服务业之间的不同之外，制造业内部还可以分为很多不同的产业，比如劳动密集型和资本密集型的产业，等等。在新结构经济学的分析中，我们将产业分成五大类型，这样划分的方法和传统的产业经济学不太一样。

第一种是追赶型产业，生产技术落后于世界前沿水平，主要通过技术模仿来获得技术进步。第二种是领先型产业，技术已经居于世界前沿，主要靠自主研发获得技术进步。第三种是转进型产业，因为逐渐失去比较优势而需要转到其他国家或者地区，比如我们当前很多劳动密集型的传统产业纷纷沿着"一带一路"转移到其他发展中国家，这需要政府的因势利导。同时希望实现传统产业向微笑曲线两端高附加值区段升级。第四种是换道超车型产业，产品研发周期比较短，人力资本密集，比如我们的新能源汽车、智能手机等，需要政府协助吸引更好的人才，加强知识产权保护促进创新。第五种是战略型产业，涉及国防安全或者经济安全，比如高端芯片的供给被卡住就可能导致整个产业链瘫痪。此时，即使不符合比较优势，也需要政府支持发展。新结构经济学对于这五大类产业以及相应的产业政策都进行了很多学术研究与政策研究。我们北京大学新结构经济学研究院专门设立了国内智库部与国际智库部，对国内不同地方政府，对其他发展中国家政府，我们在做相关产业升级结构转型政策咨询的时候，就是按照这五大类产业划分，讨论如何发挥好"有效市场"与"有为政府"的双重作用，促进经济发展。

（作者单位：北京大学新结构经济学研究院）

"从非平衡到平衡发展":全球公共经济学视角

张克中

伴随着全球一体化的浪潮,中国在过去的 40 多年里创造了世界经济史上的增长奇迹,与世界其他经济体的联系越来越密切,然而,经济全球化进程中全球治理体系并未跟上经济一体化的步伐,全球治理碎片化现象逐渐显现。就中国而言,中国 GDP 总量位居全球第二,全球影响力越来越大,中国的经济、政治与社会政策都会对其他经济体产生重大影响,但很多时候,我们在看待全球问题时仍然秉承传统思维,处理国际事务时还是采取传统方式,传统的惯性思维以及国内视角的经济政策经常会遭受其他经济体的争议与发难。今天,如何应对中国崛起进程中与其他国家在经济、政治和价值理念等方面的摩擦,是我们面临的一项考验,也是一个大国必须正视的问题。

我为什么要谈这个问题,很重要的原因是我们国家正在经历一场国家治理的深刻变革,而财政是国家治理的基础和重要支柱。我们讨论从不平衡到平衡发展不仅需要考虑国内经济,更需要在一个全球的环境下考量中国经济发展。因为我们的产业分工、贸易往来和商业活动已经与全球其他经济体紧密联系在一起。英国经济学家阿特金森长期以来呼吁和倡导,需要从全球视角拓展传统的公共经济学,让公共经济学的分析跳出只考虑国家或者地区层面的藩篱,全球公共经济学的构建势在必行。

中国在崛起过程中面临了诸多的挑战,无论是与西方国家在国家利益上的摩擦,还是价值观上的冲突,都受到社会各界的广泛关注。目前全球治理面临三方面挑战。

第一，现行的国际治理体系缺乏足够的包容性。现在的国际治理体系建立在第二次世界大战之后，这套体系的主导国家实际上是英美等西方发达国家，但是现在新兴国家，尤其是中国的崛起是一股客观存在的潮流和趋势。这引发的一个问题就是现在的国际治理体系无法满足全球共同体的发展需求，治理机制缺乏足够的包容性，很难将其定义为真正意义上的全球治理。

第二，新兴国家和传统发达国家在全球治理中的参与程度不平衡。现行国际治理体系的游戏规则由发达国家负责制定，主要参与者也是这些国家，在这套体系中受益最多的还是它们。新兴国家发展势头强劲，也渴望在国际事务上能发出自己的声音，但现行国际治理体系无法做到这一点。新兴国家和传统发达国家在全球治理中的参与程度不平衡是一个客观现实。

第三，国际治理规则解决全球公共经济问题的能力不充分。全球面临一些共同的难题，例如，全球公共物品供给短缺、地区健康水平难以改善、全球环境污染状况持续恶化、全球收入分配不公愈演愈烈等。在这样的背景下，第二次世界大战之后建立起来的全球治理体系不具备解决这些问题的能力，我们如何去适应、重塑甚至引领全球规则，提升人类命运共同体应对这些问题的能力，是一个重要并且不可忽略的问题。

全球公共经济学视角为我们理解和探讨这些问题提供了比较科学的途径，全球公共经济学主要内容包括了两个方面：一是全球公共物品，二是全球税收政策。

就全球公共物品而言，一个重要的问题就是融资。全球公共物品能帮助我们应对21世纪全球在健康、不平等以及环境等领域面临的共同困境。德国经济学家Kaul呼吁：我们需要新的经济学理论理解全球公共物品在全球经济中的作用，需要新的理论指导政策制定者更好地构想和理解当前的政策。人类的福利不仅依赖于国内提供的公共物品，综观全球，我们会发现依托国际合作所提供的全球公共物品的角色越来越重要。全球公共物品融资主要依靠两个渠道：第一个途径是私人资源投入，尤其是一些企业慈善事业和社会责任计划项目为全球公共物品提供了大量的资金，例如福特和洛克菲勒基金在20世纪60年代发起了一场绿色革命，将发达国家高产谷物品种和农业技术推广到亚洲、非洲和南美洲的部分地区，这场农业革命在半个世纪内拯救了超过10亿人，这些营利性企业或者非营利性企业对于全球公共物品融资的意义不言自明。第二个途径是国家为全球公共物品所提供的资金，主要包括官方发展援助、债务转换或减免、非官方发展援助以及通过税收激励私营公司开展的融资计划等。

全球税收政策是一个复杂的问题，有一系列的争议和讨论。一是关于征收全球税的条件。征收全球税并不像在国内征税那么容易，现在我们没有一个全球性的征税机构，实践层面也很难建立这样的机构，因为这涉及国家主权让渡问题，但我们能否有一些类似的尝试？例如加强区域的税收合作与税收协调。二是关于全球税的设想。法国经济学家皮凯蒂所倡导的全球资本税反响最为热烈，全球资本税的目标在于终结无限增加的财富不平等，不过这个观点受到的争议和批评也最多，不少学者相信征收全球消费税远远优于全球资本税；除此之外，还包括全球环境税、国际金融税等适用于全球的税收制度安排。三是全球税收竞争与合作问题。各国政府为了避免税基流失以及争夺国际流动资本采取一系列的税收竞争策略，例如，降低所得税税率、简化税制、设立避税天堂等，国际税收竞争会带来很多问题，最直接的就是诱发资本、人员等生产要素的无效流动，引发国际税收的竞次效应。迈向税收合作是解决税收竞争问题的关键，在这个方面，BEPS行动计划迈出了很重要的一步，但还远远不够，未来要在推动税收透明度、区域税收协调这些方面多下功夫。

全球化让国与国之间的联系更加紧密，任何一个国家都无法忽略自己的决策对其他国家产生的影响及其反应。中国具有竞争力的产品进入其他经济体，对相应的国家产业结构产生影响，我们习惯性地认为一国产业政策或者财政税收政策都属于国家内部事务。但是，我们在参与全球治理过程中，在制定国家政策的时候，这个观念要转变，我们需要思考中国这么大体量的经济在调整公共政策时会给其他国家造成什么影响，我们的制度能否适应甚至重塑国际规则。今天的美国也是如此，美国特朗普政府主导的新一轮税收竞争，引发了资源的重新配置和流动，这对全球影响很大，如何加强多层次的国际合作，是一个需要认真思考的问题。中国的经济模式本身就和西方存在很大区别，我们需要去学习怎样放眼全球、结合中国自身特点制定公共政策以应对其他经济体的反应。

为此，面对全球化不断深入、全球不平等状况恶化、经济动荡与贸易摩擦加剧、气候环境变幻莫测等全球问题日渐显现，人类社会又一次徘徊在历史的十字路口，尤其是全球民粹主义的反弹和美国贸易战的逆全球化的喧嚣，全球经济的合作与协调愈加艰难。全球经济高度一体化进程中，世界需要更全面的国际合作和更完善的全球治理应对全球化带来的挑战。我们需要突破两个方面的困境。

第一，经济全球化和国家民族化矛盾。经济全球化和国家民族化二者具备不平衡的属性，我们不可能要求一国对世界所有的民众像对待自己的国民一样。Kissinger 指出当前世界秩序面临"两难悖论"：世界经济已经进入全球化时代，但政治架构却依赖于民族国家为基础。国际秩序的巩固与发展依赖成功的全球化，但全球化的进程伴随着逆全球化的政治浪潮。

第二，全球公共经济学面临的最大困境是存在双重失灵，也即市场失灵与国家失灵（state failure）。市场失灵引起的搭便车行为导致公共物品的供给不足。在国际层面，国际性组织由于国家之间的利益冲突而忽视了全球利益。国家失灵不同于政府失灵，政府失灵是指官僚和政治家关注自己利益的行为，国家失灵则特指当今世界秩序是由单个主权国家组成的系统，由于缺乏有效的世界治理结构，没有明确地超越国家的税收与财政管理组织，财政税收政策和管理主要留在主权国家手中，导致一些重要的再分配方案在国家之间难以达成共识。所以，当今全球公共经济学面临的是如何规避市场失灵与国家失灵的双重挑战，尤其是国家失灵风险。

（作者单位：中南财经政法大学财政税务学院）

高质量发展模式与治理

袁富华

一　高质量发展模式

发展模式的选择,是由经济社会特定条件决定的。从历史上来看,国家特定文化和地缘政治共同构成发展方式的决定因素。发展大致分为两类模式:一类是位于产业链低端,着眼于本国固有劳动力或者自然资源禀赋优势,从事完全竞争、低附加值产品生产贸易,即低质量模式。大多数国家在发展过程中经历过从低质量到高质量转型,只是有的时间短、有的时间长。现代新兴工业化国家中,这种特征比较典型。另一类以技术创新和社会发展为导向,技术上表现为报酬递增和垄断利润,发展过程上表现为经济社会协调、产业结构协调、生产消费协调。这种以协调为特征的高质量模式产生较晚,以第二次世界大战后发达国家普遍建立凯恩斯式的福利国家为标志,这种高质量特征通常也被称为现代性。作为发展经验教训的参考,这里简单列举一下几个高质量模式:一是自由主义的福利国家,强调私人和社会保障中的个体责任;二是社团主义的福利国家,理念是个体保障权利依赖于缴费;三是普遍主义的福利国家,强调福利获得上公民权利的平等。这些模式都是第二次世界大战后福特主义和凯恩斯主义全球扩散下发展与完善起来的,20世纪70年代之后,发达国家进入调整和转型,但效率与公平之间如何平衡仍是主要议题。

受到经济减速和发展条件变化的影响,中国如何实现向高质量的转型，已经成为可持续发展的核心问题，现在争论比较多。2019年前三个季度增长逐渐下滑，使得这个问题更加受到关注，主要是如何看待增长速度。中国持续30年的高增长和生产优先，使得"政府+市场"的发展主义理念对人们影响很大。这个理念是在劳动力过剩、加速工业化条件下产生的，是特定历史阶段的必然，并推动了中国工业化的成功。但是，资本驱动的工业化条件，随着经济服务化和城市化发展逐渐消失，新的问题是如何在就业、财政和公平之间重新平衡。本质上，中国的高质量发展就是为了解决这个新问题。

二 高质量发展的标志

根据发达国家的经验，高质量发展属于社会经济一体化的综合概念，包括相互联系的三个层面：经济层面上，强调技术创新和产业/区域协调，强调以创新和技术优势在国际竞争中占据有利地位，并为社会发展奠定基础。但是，更加重要的问题在于，创新最终来源于哪里？技术竞争优势如何保持？这要从社会层面上寻找。艾斯平–安德森有一个判断：当代福利国家建设，并非工业化的副产品，制度化的福利国家已经成为强大社会机制，对未来有决定性影响。这是强调生产力发展与社会发展的相互联系，以及社会发展的重要作用，这实际上涉及了"人的发展"理论。因此，不同于工业化时期劳动力的概念，我们现在谈论高质量发展，一定要和社会发展挂钩。就现代性而言，社会层面的发展意味着劳动力要素的高质量，虽然从联系角度来看，社会发展包含了收入、消费、文化等诸多因素和环节，但社会发展最重要的特征就是知识白领的崛起乃至主导经济社会过程。经济社会协调的获得，有赖于知识中产群体的不断扩大。进一步的探究自然就是，为了保持发展活力，需要一个有效的现代治理结构以适应现代社会进步。具体地，高质量发展的三个主要标志包括：

第一，以创新和技术竞争参与国际竞争。发达国家创新的演化，现代经济史上包含两个阶段：第一个阶段是1950—1979年，这个时期正值福特主义在全球的扩散，真正意义上的现代化也是依托这个潮流产生的。本质上，福特主义是一种工资/利润分享机制，这种以劳资关系协调为纽带的生产模式，促进了消费质量和生产质量协同，这是理解发达国家工业化的关键。第二阶段是20世纪80年代之后，新自由主义兴起，是为了调整前一阶段的问题。此时发达国家福利制度建立起来了，公共支出达到顶峰且带来了压力。这时候，新的经济条件出现了——特别是老龄化加剧、全球化竞争加剧以及结构服务化。信息社会的到来，使得科教文卫成为发达国家争夺的制高点，全球竞争的不再是单纯的制造技术，而是科教文卫为代表的高端产业。

第二，知识中产阶层主导经济发展。几乎与信息化、知识化的崛起相并行，发达国家普遍培育出来一个稳固的知识中产阶层，这个阶层有力维持了教育医疗等高端服务业的发展，并成为制造业和服务业一体化以及生产消费的基础性推动力。看待这个问题的角度需要转变一下。工业化时期我们是立足于制造业看待服务业、看待消费，但是，这个传统认识角度却不能理解城市化和社会发展的重要性。如果立足于城市化，立足于服务业和社会发展看待制造业，就可以理解由于发展条件变化而产生的新问题了。典型如，教育和知识的发展可以促进劳动力质量的提高，并有利于经济社会的协同。对于中产阶层，一个常见误区在于单纯用收入或财富来衡量，实际上我们要强调的是，根据发达国家高质量发展的经验，强调附加于中产阶层之上的教育培训水平、就业能力才是根本的。

第三，治理结构现代化。治理结构与治理方式同样也是随着社会经济条件变化而变化。大的治理结构上，理论实践上关注国家—市场—家庭三方权责关系如何根据条件变化再平衡；治理方式上，特别是宏观经济政策、社会政策、劳动市场政策以及劳资关系等，要根据发展环境变化不断赋予新内容。我们通常所说的转型，自然包括这个层面的调节。

三 高质量发展的治理

共同特征是，中国在减速时期需要有新的治理方式，人口老龄化、结构服务化和全球化压力也需要以新的方式应对。然而，与发达国家不同，中国现阶段所强调的治理，发生在经济低质量向高质量转型的时期，同时也伴随着人口质量提升的要求。结合前文关于高质量发展的分析，中国目前的转型方向，应该是从工业社会向知识社会转化，这是一个涉及经济社会综合协调的问题。简单提以下几点：

1. 治理的核心问题是劳动力市场建设。与工业化时期不同，服务化下的就业具有不稳定和两极分化特征，这时候劳动市场政策就更加重要了。当代发达国家在这方面的表现是：自由主义福利国家重视服务业在创造就业机会上的作用，但以收入两极分化和不平等为代价；欧洲大陆福利国家注重传统的社团主义就业保护，但是服务业就业创造能力相对较弱；北欧国家重视服务业就业，但由于政府部门吸收较多，给财政可持续带来很大压力。中国就业系统分析的几个要点是：一是不能过快服务化和虚拟化，如果实业丢了，庞大劳动力就业就失去了稳定性。特别是，现在倡导农民进城，但更重要的问题在于能否为进城农民提供稳定就业。二是如何切实建立起有助于全社会技能积累的教育培训体系？这个系统建立了，才能说是自己的高质量模式。治理结构层面最重要的就是就业系统治理。

2. 政府角色的定位。政府和市场的划界，在各国都是复杂的问题。本质不是哪一个多哪一个少的问题，而是如何各司其职的问题，这涉及各国不同的社会文化、微观主体诉求以及经济社会稳定要求。城市化时期的经济社会风险源于老龄化、全球化以及服务业自身的脆弱性，涉及代际代内公平、经济社会协调等诸多重要问题，需要政策给予极大关注。

3. 资源配置系统。发挥市场在资源配置上的基础作用，这是效率端的问题。这个方面，中国现在主要表现为市场规则缺失。似乎可以说，我们面临的难题在于设计市场规则以保证稳健运行。再者，市场组织系统也有待完善。这个认识的依据是，如果政府没有足够能力提供对微观主体利益的保护，必须要有一个稳定的金融系统来控制投资风险。

（作者单位：中国社会科学院经济研究所）

重视人口数量与质量的联系,维持我国人口政策的动态平衡

秦雪征

感谢论坛的邀请!我想结合自身的研究,从人口经济学的角度谈谈我国人口政策的动态平衡问题。纵观新中国成立 70 年的历史,可以看出我国的人口政策经历了一个"由松到紧再到松"的动态优化过程。新中国成立初期,在"人多力量大"的口号下,我国的人口生育率非常高。到了 20 世纪 70 年代,这种鼓励生育的政策变为以少生晚生为目标的计划生育政策,直到 70 年代末 80 年代初变为了"一胎化"的强制性生育政策。计划生育作为一项长期的基本国策对我国人口的年龄结构产生了深远的影响,造就了改革开放 40 年来的人口红利,也在一定程度上加速了我国当前的人口老龄化进程,因此在理论界受到了颇多的争议。为了应对人口老龄化挑战,近年来,我国政府相继推出"单独二孩""全面放开二孩"等人口调控政策,标志着我国自 20 世纪 70 年代以来实施的人口管控政策相继在全国范围得到放松。然而,新的人口政策实施以来,效果并不理想,年出生人口总数和人口出生率不升反降。例如,2018 年是实施"全面二孩"政策的第三年,但国家统计局的数据显示,其全年出生人口为 1523 万人,比 2017 年减少 200 万人;人口出生率为 10.94‰,比 2017 年下降 1.49 个千分点。

为此,学界对进一步放开人口政策产生了讨论。很多学者认为,为了进一步提高生育率,应该进一步取消对生育数量的控制,以遏制人口红利的流失和老龄化带来的养老压力。然而,也有一些学者

主张稳步推进人口政策的调整以避免未来人口结构的再度失衡和人口抚养负担的过快上涨。

笔者认为，人口政策的放松对短期内减缓我国"人口红利"的消失、维持社会的稳定发展具有重要意义。但是，它对经济发展的长期影响则取决于在我国当前的经济发展水平下，人口数量与质量之间是否存在权衡取舍的替代关系：如果人口数量的进一步增长会导致人口质量的下降，那么全面放松人口政策将可能对我国"以人为本"的创新型经济增长模式带来不利影响；反之，如果人口数量与质量之间不存在这样的负相关关系，甚至人口数量的提升还会导致人口质量的改善，那么人口政策的进一步放松将很可能促进我国经济的可持续增长。

近期，笔者根据我国的计划生育政策历史沿革，选用全国性的人口抽样调查数据，结合新的计量经济学方法——断点回归设计（RDD），估算了人口数量对人口质量（教育水平）的影响。研究结果显示，家庭子女数量的减少确实能够导致子女人力资本水平的提高，这与经典理论"数量—质量"替代的预测一致。这表明，我国过去的计划生育政策在控制人口数量和提升人口质量方面均有积极意义，因此对于这一政策的评估应趋向正面，不能因为目前人口红利的消失而将计划生育政策的成果全盘否定。进一步的分样本研究表明，人口数量与质量的替代关系只在收入较低、信贷发展较落后的地区得以显现。因此，随着计划生育全面放宽，需要警惕人口数量增长所导致的质量下降风险。同时，对于经济发展相对落后的地区，通过加快地方信贷市场发展速度、建立低息助学金贷款机制等方式也可以缓解家庭对子女的教育投资约束，从而减轻由于人力资本投资不足和导致的人口质量下降的风险。

结合上述研究成果和当前我国经济形势，笔者提出以下相关政策建议：一是健全生育政策和相关经济社会政策配套衔接的体制机制，重点加强公共教育（尤其是学前教育、初等教育）支出，着力促进人力资本投资的增加，为贫困家庭子女享有受教育权利提供更多支持。同时，需要重视职业教育与技能教育，通过提高劳动技能和生产效率缓解劳动人口减少的冲击，缓解人口老龄化的挑战。二是统筹优化生育政策和提高人口质量协调推进的关键环节，紧密结合健康中国战略及其阶段性行动的实施，以促进妇幼健康为重点，加强从胎儿到生命终点的全程健康服务和健康保障，逐步实现全民健康覆盖，持续提高人口质量。三是建立完善的教育信贷市场机制，加快贫困地区教育信贷市场的发展速度，不断完善国家生源地助学贷款，为贫困家庭提供更多低息助学金。高校应该为更多贫困学生提供勤工俭学机会，为贫困家庭子女享受高等教育提供更多财政支持。同时，考虑进一步放开民办教育市场，增加私立学校以弥补公立教育资源的不足和地区分布的不平衡。

（作者单位：北京大学经济学院）

平衡与不平衡的逻辑内涵及相互转化的驱动机制

倪国华

有些学者在讨论平衡与非平衡的时候,似乎有一些感情上的倾向性,认为平衡更好,非平衡不好。我认为,可以从平衡与不平衡的逻辑内涵以及相互转化的驱动机制两个层面来理解平衡与非平衡的关系。

一 平衡与不平衡的逻辑内涵

其一,从人类社会经济发展的历史经验和内驱动力来看,非平衡到平衡再到非平衡,这是一个动态过程。当不平衡状态出现时就会有一种势能,把这种势能释放之后达到新平衡。但是平衡不会持久,因为无论从个人层面还是从区域层面,追求创新突破的动力始终存在,当某些个体或区域取得了突破之后,肯定要有新的非平衡出现,而后再通过技术扩散和要素重组实现新的平衡,如此往复前进,这是一条螺旋上升的逻辑路径。

其二,从区域的范畴来说,如果把平衡发展理解为各区域经济发展水平完全一致,这是不符合历史经验和客观规律的。原因是,各地的资源禀赋并非均一分布。水、土地和区位优势等资源禀赋的差异是导致其他要素集聚的重要原因。以核心资源为中心的经济活动配置本身是"均衡"的标志。以水资源为例,人类要聚集起来,人均的水资源是有底线要求的,这就是沙漠中很难形成大城市的原因。然而，如果沙漠中有其他的更具稀缺性和战略性的核心资源，比如石油，那么就有形成城市的可能。

其三，从经济发展的内驱动力来看，遵循要素在流动中追求最大化收益的市场规律，我们所讨论的平衡更接近于人均收入上的平衡。这一点，从发达国家的发展经验可以得到印证，主要表现为两个层次：一是从事不同行业的人，按照其个人的能力水平和劳动强度差异，实现人均收入的收敛，换句话说从事相同难度的工作所得到的收入差不多；二是在区域层面，同样能够实现按个人能力差异分层的人均收入收敛。举例而言，在艾奥瓦州种玉米的农业雇佣工人虽然羡慕华尔街白领的高收入，但他本人心里很清楚自己的能力水平更适合当前岗位，因此这也是一种均衡。当然，同样是种玉米的农业雇佣工人如果在艾奥瓦州的农场工资远低于在密苏里州的农场工作，他就会"跳槽"到密苏里州，艾奥瓦州的农场主为了留住他就要涨工资，涨工资的结果就可以实现同类岗位人均收入向均衡方向收敛。

实际上，即使是在同一区域，也存在这个问题，比如同在北京市，在金融街从事高强度高风险工作的专业人才的收入要高于在城郊从事简单农业生产的农民，这是双方都能认可的现实，这本身是发展"平衡"的表现，与布哈林关于国民经济平衡发展的理论是一致的，与按劳分配原则是一致的，与市场经济的基本逻辑也是一致的。因为从长期来看，人会围绕核心战略资源来流动，而核心战略资源也包括人本身。从微观个体看，人会向着最能体现自身价值的区域和岗位流动，直到其自身达到能力和欲望的平衡；从宏观看，会逐步实现不同区域的人均收入收敛。当然，由于人自身禀赋和劳动投入的差异，收入会呈现差异，这种差异也会呈现区域性特征，这本身就是"均衡"的标志。

二 平衡与不平衡相互转化的驱动机制

新中国成立70年来，中国经济发展取得了令世人瞩目的成就。

我们也可以从平衡与不平衡相互转化的驱动机制的角度来解析。

已有学者对于20世纪50—70年代末的平衡发展战略做过梳理，基本的结论是虽然部分实现了平衡发展的目标，但在某些层面将平衡等同于平均，在一定程度上违背了发展的初衷，甚至出现了因追求过度平衡而阻碍了总体发展的现象。

党的十一届三中全会后，我们总结了平衡发展战略的利弊，平衡发展战略发生了实质性的变化。从某种程度来说，将平衡到不平衡的转换作为经济社会发展的驱动机制来合理使用。

其一，根据"扬长避短，发挥优势"的方针，承认各地区资源禀赋的差异性，并合理利用这种差异性，形成符合各地区资源禀赋差异的地域分工。在保证各地区都能维持一定程度经济发展的前提下，重点支持具有资源禀赋优势的地区优先发展。虽然从短期看，地区间的"不平衡"会加剧，但是全社会的经济发展水平能实现大幅度提高，在要素自由流动的背景下，资源禀赋较差地区也能得到纵向维度的快速发展。长期来看，在社会主义集中力量办大事的制度优势下，通过转移支付、对口帮扶和要素重组，"先富带后富，最终实现共同富裕"成为中国迅速实现工业化，并最终实现现代化的成功路径。

其二，本轮中国经济奇迹性增长本身也是全球范围内"非平衡"与"平衡"相互转化的驱动机制作用的结果。我们从技术扩散和规模经济的角度分析。有些学者一直在强调中国用40多年的时间走完了发达国家200多年的工业化之路。然而，我们必须清楚，我们这40多年的成就并不是仅凭自身取得的，而是因为发达国家已经用200多年的时间走完了工业化之路，我们才能用40多年的时间里完成工业化，这两者是有因果关系的。这种因果关系本身就是全球范围内"非平衡"与"平衡"相互转化的驱动机制在起作用。从改革开放之初的全球形势来看，全球范围内已经累积了"不平衡"的强大势能。遵循要素在流动中追求最大化收益的市场规律，为了追求更大收益，发达国家已经做好了产业转移的准备，恰好我们在当时也做好了承接的准备，所以就开始了在全球范围内通过资本流动和技术扩散将"非平衡"的势能转化为"平衡"的经济发展成就的过程。

当然，这也要同步回答另一个疑问，那就是全球有那么多的势能洼地，为什么一定要转移到中国呢？有两个原因可以解释：一是当时的国际政治环境，美国和苏联还在冷战，中国巧妙地利用了这一政治环境，成为西方产业转移的理想之地；二是从中国整体的生产函数来看，我们在改革开放之初，做好了"万事俱备，只欠资本"的万全准备，可以说我们建立了全世界最有利于技术引进的"招商引资"体系，把土地做到"七通一平"，把大量的廉价劳动力准备好，把各项优惠政策准备好，让我们成为发达国家产业转移的梦想之地。

另外，从规模经济的角度来看，人类社会200多年的工业化技术积累，放在一个拥有14亿人口的大国，会产生前所未有的规模经济效应。比如高铁技术虽然起源于欧洲，但是在西欧国家，无论是德国还是法国，高铁只需两个小时就能跑遍全境，但是放在中国，就可能成为拉动区域经济增长的强大动能。

其三，在平衡与不平衡相互转化的驱动机制中，中国特有的"锦标赛"体制也发挥了重要作用。"锦标赛"体制的概念源于周黎安老师的研究，学术界大量研究中国制度优势的论文都围绕这一概念展开。包括财政分权的研究，地方官员升迁与地方经济发展成绩的关系的研究，本质上还是来自"锦标赛"的模型。"锦标赛"的实质是以地方经济发展成绩作为主要考核指标的地方官员竞赛机制，比如某一个县的主要领导把本县的经济发展好了，就有更大的机会成为市长，某一个市的主要领导把本市的经济发展好了，就有更大的机会成为更高层级的领导，这样就形成了各地区竞相发展的局面，这本身会成为打破平衡走向不平衡的动能。但是，这也是推动经济发展的强大内驱力，这一点在其他政治体制下很难做到，是我们的优势，是我们将几千年中国政治传统与社会主义制度相结合所形成的优势。现阶段可以解释各地狂飙式发展，各地千方百计发展，最后实现非平衡状态的现象。

三 关于未来的思考

既然从非平衡到平衡再到非平衡，是一条螺旋上升的逻辑路径，在未来我们就需要特别关注以下三个方面的事情。

其一，未来的技术扩散可能不会像过去那样容易了。改革开放之后，发达国家向中国的技术扩散处于你情我愿的状态，这一方面源于政治环境，另一方面也源于我们的技术差距过大，发达国家对中国没有戒心。现在情况是，中国逐步追赶上发达国家的脚步之后，国际环境发生了巨大变化，发达国家不再愿意技术扩散，而是开始设置技术壁垒。这种情况下，中国要与发达国家竞争，就要实现"创新驱动"发展。我们要和发达国家比创新，就要首先集中自己的优势资源来力争创新，也就是说我们必须主动创造"非平衡"的势能，实现局部突破，这是中国必须面对的现实。

其二，要想把整个社会的经济规模扩大，需要充分利用各地区所具备的资源禀赋，这个过程在现有技术条件即可实现，其本身也是实现区域发展从"不平衡"到"平衡"的过程。简言之，如果某些地区原本具备资源禀赋的优势，只是由于欠开发，则可以通过宏观政策的引导，实现区域层级的均衡发展。比如起始于19世纪初的美国"西进运动"中，政府就通过《宅地法》《移民法》等宏观规制引导要素向西部流动，推动区域均衡发展。同时也在基础设施投资等战略领域实现宏观倾斜，比如政府采取了一系列支持铁路网建设的措施，从1869年5月建成横穿美洲大陆的第一条铁路，到1896年，又建成了四条横跨东西的铁路线，而穿越南北的铁路干线也先后完工。纵横的铁路，把全国各地区、各行业都编入了一个统一的网络，为推动区域均衡发展实现了硬件连接，完全改变了美国社会的总生产函数，使美国经济总量迅速增长。而我国东北和中西部的部分地区同样具备水、土、区位等战略资源优势，通过宏观战略指引，可以扩大我们的经济总量。

其三，"锦标赛"体制虽然非常有效，但本身也存在诸多问题，需要中国在深化改革中不断调整优化。从评价指标来看，单一的GDP增长指标，会带来环境污染等一系列问题；从创新驱动的成本收益分析，创新者的前期投入大，风险更大，在"锦标赛"体制下，各地区竞相模仿成熟的产业体系造成整体产能过剩，而不愿意承担创新的高成本和高风险；从体制驱动的逻辑来看，要实现"锦标赛"体制和平衡与不平衡相互转化的驱动机制完美结合，仍需要很多深层次的改革。

（作者单位：北京工商大学经济学院）

新中国 70 年经济周期的理论与实践

陈乐一

我紧扣会议主题谈谈新中国 70 年经济周期问题,将这 70 年中国经济周期从理论到实践做一个梳理。

一 新中国 70 年经济周期的理论

资本主义国家经济周期现象已出现近两个世纪,此后不久在理论上开始对经济周期作出解释,在这个较长的时间过程中,西方国家形成了各种经济周期理论,研究程度已很细化和深入。但是,就我国而言,经济周期研究则晚得多。新中国成立以后的 20 世纪 50 年代,有学者开始研究经济周期,从 1957 年的第一篇文章算起,到 1964 年,共发表十多篇经济周期的论文,但是研究对象均是资本主义经济周期,其中又以美国经济周期为主。从 1965 年至 1977 年,经济周期研究中断了,直到 1978 年,才又开始出现经济周期的文章。1978 年至 1985 年,共四十余篇经济周期文章见诸期刊,但是情况也一样,研究对象都是资本主义经济周期,并没有研究中国经济周期的专文。

1985 年年中,乌家培、刘树成在《经济研究》1985 年第 6 期发表《经济数量关系研究三十年》,首次提出中国社会主义经济周期波动问题,把"社会主义经济增长有没有周期波动"作为一个重要课题提了出来。随后 1986 年、1987 年两年时间中,刘树成在《经济研究》《数量经济技术经济研究》上,连续发表 4 篇固定资产投资周期的文章。从这个时候开始，我国不少优秀中青年经济学者研究中国经济周期，对中国经济周期问题做了有益的探索，取得不少优秀学术成果，成果形式是论文、学术专著，还有以此为博士论文选题的。1988—1991年研究达到高峰，不仅成果数量多，而且出现一些质量上乘的文章与专著。例如，赵涛于1988年7月出版的《经济长波论》（中国人民大学出版社），这是她的博士学位论文。卢建于1992年10月出版的《中国经济周期实证研究》（中国财政经济出版社），这也是他的博士学位论文。1993—1997年经济周期研究出现一定程度下滑，文章数量下降，但每年还是都有一些文章见诸报刊，也有专著出版。1998年开始，文章数量又逐渐上升，2004年显著增加，2010年达到顶峰，以经济周期、经济波动为题的文章数量在2015年达到顶峰。最近几年，经济周期研究处于稳定状态，每年发表的文章包括硕士、博士学位论文、会议论文，都超过100篇，加上以经济波动为题的，就更多。就期刊而言，国内经济学顶级刊物《经济研究》几乎每年都刊发以经济周期、经济波动为题的文章。

当前国内关于经济周期波动的研究大多数是在同质性经济主体视角下展开的，学术界的研究焦点主要集中在以下几个方面：经济周期与金融市场、经济周期与财政政策、经济周期与货币政策、经济周期与劳动力市场、经济周期与预期、经济周期与不确定性。国外关于异质性经济主体下经济周期的相关问题研究正在不断涌现，但目前国内关于这一领域的研究还处于初级阶段，其中的原因在于：有关异质性经济周期模型的求解需要涉及比较复杂的数学知识，并辅以一定的编程能力才能顺利进行。因此，未来关于经济周期问题的研究方向是：

1. 在异质性经济主体视角下探讨相关经济周期问题，深入学习各类动态规制和异质性经济周期模型的数值求解方法，掌握相关的编程技术。

2. 在传统经济周期模型框架下，纳入中国典型的经济结构特征，通过构建并求解异质性经济周期模型，以研究中国自身的经济问题。

3. 在基准的异质性经济周期模型基础上，引入金融中介、财政政策、货币政策、劳动力市场摩擦以及不确定性等因素，也将是未来经济周期研究的一个重要拓展方向。

综上所述，经济周期仍然是充满活力的研究领域，尤其是在我国，社会主义市场经济体制处于不断完善过程中，经济体制改革急需深化，关于中国的经济周期研究更是充满活力，研究题材很多。

二 新中国70年经济周期的实践

采用 Markov 区制转移模型所估计的平滑概率可以将新中国70年经济增长划分为10轮完整周期，目前正处于第11轮周期中：改革开放前的1953—1957年、1958—1961年、1962—1967年、1968—1972年、1973—1976年；改革开放后的1977—1981年、1982—1986年、1987—1990年、1991—2001年、2002—2009年、2010年至今。这一划分结果与刘树成利用实际GDP增长率划分出的经济周期基本一致，由此表明利用平滑概率不仅可以对经济周期进行阶段划分，还可以明确各年经济处于收缩阶段和扩张阶段概率值的大小，刻画不同周期阶段的非线性特征。因此，马尔科夫区制转移模型提供了一种新的周期划分方法。

新中国成立以来我国经济周期的特征，可从扩张期与收缩期比率、波动幅度、扩张期和收缩期的非对称特征三方面来概括。改革开放前，我国经济周期的扩张期与收缩期的比率较低，峰位较高，谷位较低，经济幅度较大，扩张期的长度较短，经济周期的波动较为剧烈，经济运行呈现"大起大落"的增长态势。改革开放后的20世纪八九十年代，经济步入高速增长阶段，扩张期与收缩期的比率增大，峰位下降，谷位上升，波动幅度减小，扩张期的长度延长，经济运行呈现高速平稳的增长态势。进入21世纪以来，经济进入平稳快速增长阶段，扩张期与收缩期的比率进一步增大，峰位继续下降，谷位继续上升，波动幅度更小，经济增长在扩张期具有更强的持续性，经济增长更趋于平缓。从整个波形看，新中国成立以来经济周期逐渐趋于平缓，整体上呈收敛态势。

经济周期还具有非对称特征。新中国成立以来我国经济周期在收缩阶段出现的概率为 0.25，出现的平均持续期为 1.45 年，在扩张阶段出现的概率为 0.75，出现的平均持续期为 4.44 年，这表明波动状态在扩张阶段出现概率最大，平均持续期也最长，扩张阶段是我国经济周期的主要波动状态。由此可见，经济周期的持续性以及稳定程度在扩张期和收缩期具有明显的非对称特征。

我国经济周期是由多种因素引起，不同的因素对经济周期的冲击有所不同。我们将影响我国经济周期的因素分为四大类，从制度、政策、供给和需求四个方面综合分析新中国成立以来经济周期波动的影响因素。

在制度冲击中，非国有化水平的增加短期内加剧经济周期波动，长期内缓解经济周期波动。对外开放度的增加短期内缓解经济周期波动，长期内加剧经济周期波动。比较而言，短期中对外开放度对经济周期波动的影响较大，长期中非国有化水平的影响较大。

在政策冲击中，货币供应量和财政预算支出的增加短期内都会缓解经济周期波动，其中财政预算支出的缓解作用更大。

在供给冲击中，短期中劳动力供给和资本存量的增加都会加剧经济周期波动，但是长期中劳动力供给会缓解经济周期波动。比较而言，劳动力供给对经济周期波动的影响较大，资本存量对经济周期波动的影响较小。

在需求冲击中，短期内消费和投资的增加会加剧经济周期波动，长期内消费会缓解经济周期波动。比较而言，消费对经济周期波动的影响最大，其次为投资，进出口的影响最小。

整体而言，不同周期阶段外生冲击对经济周期波动的影响也有所差异，在扩张期政策冲击和需求冲击的影响较为明显，在收缩期制度冲击和供给冲击的影响较为明显。

我将新中国70年经济周期从理论到实践做了一个梳理，总体上是两个部分，也可以说基本上是三个部分：70年经济周期实践，70年经济周期理论，未来经济周期研究方向的展望。

（作者单位：湖南大学经济与贸易学院）

中国区域协调发展问题探索

李兰冰

新中国成立 70 年来，我国经历了立国、富国、强国的演进过程。与之相伴，区域发展战略可能分为如下阶段：（1）平衡发展战略时期（1949—1978 年）；（2）不平衡发展战略时期（1979—1998 年）；（3）区域协调发展战略启动期（1999—2011 年）；（4）区域协调发展战略深化期（2012—2017 年）。后发国家的区域发展赶超战略通常可分为三个阶段：第一阶段为低水平协调阶段，各地区发展水平均较低、地区间落差并不明显是主要特征；第二阶段为非协调发展阶段，通常选择效率导向的非均衡发展路径，呈现以增长极战略为主导的特点；第三阶段是转型协调发展阶段，战略导向通常由"效率"逐渐转为"兼顾效率与公平"，经济发展水平明显提高，但距发达国家水平仍有一定距离。由此可见，中国区域平衡发展战略时期属于低水平协调阶段，不平衡发展战略时期属于非协调发展阶段，区域协调发展战略启动期和区域协调发展战略深化期均属于转型协调发展阶段。党的十九大标志着新时代区域协调发展战略期的开启，体现了兼顾公平与效率的导向，即在促进区域协调发展的基础上实现经济增长的质量提升。由此判断，中国正处于由转型协调发展阶段向高水平协调发展阶段的关键跨越期，如何从转型协调迈向高质量协调发展是具有挑战性的艰巨任务。

区域不平衡不充分发展是中国经济发展的顽症，若不能有效解决将严重影响中国经济发展质量。区域不平衡主要表现为动力转换及创新不足导致的经济失衡、胡焕庸线与快速城镇化导致的空间失衡、分税制和绩效考核导向导致的管理失衡、高速工业化与生态约束导致的环境失衡、产能过剩与产能不足导致的结构失衡，不充分则体现为经济总量、产业结构质量、人均收入、创新能力等方面的欠缺与不足。在国内外环境日趋复杂多变的背景下，不平衡不充分问题不仅关系到我国能否有效跨越"中等收入陷阱"，甚至会成为引发深层次经济社会矛盾的导火索，关系到我国"两个一百年"奋斗目标能否顺利实现，向区域协调要红利成为新时代我国区域发展方式的重要目标取向。

我今天将分享对新时代中国区域协调发展战略的新特点、与国际模式的差异的一些认识，在此基础上对其理论体系构建进行探讨。

首先，在全面建成小康社会决胜阶段、中国特色社会主义进入新时代的关键时期，党的十九大明确提出"坚定实施区域协调发展战略"，新时代区域协调发展战略的内涵更加丰富、体系也更加完善，这主要表现为：一是时代背景不同，我国经济已由高速增长阶段转向高质量发展阶段，区域协调发展战略实施面临新环境与新要求；二是战略导向不同，新时代区域协调发展战略应摒弃以部分牺牲效率为代价换取公平的传统思维框架，紧扣我国社会主要矛盾变化，凸显"既要效率、也要公平"的鲜明导向；三是目标维度不同，中央经济工作会议明确提出区域协调发展战略的目标就是实现基本公共服务均等化、基础设施通达程度比较均衡、人民生活水平大体相当；四是结构体系不同，涵盖地区、城乡、陆海等多维度等。

其次，新时代中国区域协调发展战略与国际模式具有显著差异。一是，中国政府具有较强的资源获取能力与行动能力。这在中国区域协调发展推进进程中尤为凸显，如雄安新区的设立、京津冀协同发展、长江经济带等国家重大战略实施都以高能级行政力量干预为支撑。但是，强政府并不意味着割裂政府与市场关系，这恰恰为形成高效有为的"强市场"提供了重要保障；二是受到财政激励与政治晋升激励的双重驱动，地方政府间的竞争异常激烈，地方保护与市场分割成为阻碍区域协调发展的关键掣肘因素；三是中国区域协调发展战略与经济增长方式转型紧密结合，高质量增长导向明显。对于中国而言，与发达国家发展阶段不同，发展任务依然十分繁重。如，京津冀致力于建成世界级城市群，这不仅要求河北省经济总量需要四倍增长，即使是较为发达的京津两市经济总量也需要"倍增"。由此可见，我国区域协调发展战略并不是单纯地追求公平，而是要兼顾效率，迫切地需要通过区域协调发展实现区域发展格局优化和挖掘经济增长转型升级新源泉。很显然，区域协调发展战略是中国实现高质量增长的重要支撑。

再次，中国区域协调发展迫切需要建立系统化的理论逻辑与理论体系。由前述论述可知，中国区域协调发展的实质性破冰，决不能照搬西方国家的发展模式。总体上看，中国区域协调发展是在理论体系尚未成熟的情况下已经进入实质性推进阶段，迫切需要构建基于中国现实条件与独特特征的系统性理论框架，这不仅能够为深刻理解区域协调发展战略奠定基础，而且对破解区域失衡困境具有较强的启示性，为构建精准化政策制度体系提供有效的支撑。中国区域协调发展的理论体系构建非常具有挑战性，这里从"要素—机制—路径—维度—目标"逐层递进的多元维度出发进行探索是一种有益尝试，具体来看：（1）区域协调发展离不开政府和市场两种机制，政府机制应聚焦于促进央地政府之间及地方政府之间的协调发展机制、以更有效的机制体系为市场机制发挥作用营造更好的发展环境，市场机制应聚焦于加速要素自由流动、激发市场主体活力与市场资源优化配置，应致力于将政府与市场两种机制形成合力、共同促进区域协调发展；（2）要素是链接机制层面与维度层面的有效载体，主要涉及劳动力、资本、技术等范畴，资源禀赋的异质性、企业参与区域间关系重塑的不同模式、公共资本在调节区域间发展水平差异中的作用等应成为政策制定的关注焦点；（3）维度主要包括市场协调、产业协调、空间协调、治理协调四个象限，区域共同市场构建、区域间产业分工合作、空间结构调整优化、机制体制创新等应成为关注重点，这实际上也是区域协调发展的实际路径。

最后，我想谈一点。区域协调发展的很多问题与机制体制相关、与政策体系相关。基于经验主义的政策制定往往学习成本会很高。我们已经进入大数据时代，各种研究工具和研究方法不断创新与完善，区域协调发展政策体系应逐渐向精准化设计范式转变，这可能涉及政策目标、模拟方针、政策实施、效果评估、政策实施风险控制等方方面面。其中有许多问题值得深入研究，也将成为非常重要的研究方向。

（作者单位：南开大学经济与社会发展研究院）

公共服务网络化与财政转型的压力

范建鏋

经济发展进程中的"平衡"与"非平衡"问题,历来受到关注。尤其在一国的经济转型进程中,这一问题更受重视。从"非平衡"到"平衡",我更愿意把它理解成"非平衡"是一种常态,"平衡"也只是暂时的,更难得的是一种"动态平衡",比较难实现。

从经济学角度深入了解上述概念的内涵,会发现它里面有几组关系可能需要大家进一步深入探讨。当我们谈到政策目标、体制目标,甚至谈到战略目标、战略转型,会发现其实这些目标是有关联的。认真辨析一下就会发现,所谓的政策、体制和战略,如果仅仅从时间维度来看,政策所对应的时段是最短的,体制所持续的时段更长一些,而战略所涉及的时段最长远。

我为什么想到这个问题呢?主要是之前我们总结新中国成立70年来财税体系演变轨迹所引发的思考。可以看到,新中国成立70年来,从财税体系的演变轨迹来看,在战略上的反思,其实有一定的脉络。新中国70年经济发展的整体战略,不仅仅体现在宏观经济方面的战略有一个方向性的问题,具体到财税领域来看,也同样有这个问题。在20世纪90年代初提出建设社会主义市场经济体制这一目标之后,我们整个社会几乎所有领域的转型,包括社会发展目标,甚至公共服务、公共治理问题,其实都跟它紧密联系在一起。其实这涉及整个体制由计划向市场的转型。

梳理新中国70年财税体制的演变轨迹可以发现,为什么公共服务领域的教育、医疗、养老、社会保障这些问题,现在全都凸显出来，都成为重大社会问题？其实这些问题在计划经济时期也存在，但凸显的矛盾没有像我们今天所看到的反差这么大。教育问题、医疗问题尤其明显。其中医疗领域的医保资金筹资模式涉及财税体制的变迁。一直到目前，在各个地区，甚至在国家的层面，都没有一个统一的筹资模式。现实情形如此，就迫使我们追问它的历史根源，为什么当时在国家层面没有能够推行统一的政策？甚至也没有统一的政策目标？我们梳理新中国70年来医保筹资模式的变化趋势就发现，其实它一开始就没有一个比较清晰的目标模式。这是让我们感到困惑的一点。

从财税领域的角度来看，未来我们国家要推进的医疗保障模式，在筹资方面甚至在医保支付方面，涉及一个财政负担能力的问题。未来，我们究竟要采取什么样的模式比较好？从历史经验看，有两种可能的选择。一种是英国式的，另一种是德国式的。例如，英国实行的是全部由国家负担的模式。而我们国家现在推行的，可能更贴近于德国的社会保险模式。很显然，当前我国正处于经济转型期，如果要实行像英国这样的全民医保模式的话，可能我们的财政可持续性和支付能力都是需要进一步考虑的。如果我们要坚定推进类似于德国的模式，那么，在战略方向上，甚至在顶层设计中，也许未来就需要有一个比较清晰的共识。这个共识究竟是什么？如何细化在未来各个阶段之中？也许还需要更深入的探讨。

我曾经关注过近代以来我国台湾地区的财政转型问题，也初步梳理了一下台湾地区近代以来的社会治理模式。对解答上述问题也许有一定借鉴意义。台湾地区比较独特，在较短的时期内经历了较丰富的社会形态。台湾当初从福建省的一个府分离出来，在1885年建省，过了大约10年，到1895年就被迫割让给日本，之后被日本统治50年，从1945年回归中国到现在，成为一个相对独立的较发达的经济体。从宏观视角看它的财政转型过程，包括社会保障制度的变迁，可以发现，从晚清到日本殖民地时期，再到当前，假如纯粹从经济绩效的角度看，其成就是明显的。从历史数据也可以看出，它在社会治理的层面是比较有效的，这一点也是被不少学者认可的。但是，如果不纯粹从经济绩效的角度来看，其实加以评判是比较困难的，因为它曾经有过一个殖民地经济的发展模式。

从近代台湾地区大约130年的发展历程来看，可分成几个重要时段。1885年从台湾府变成台湾省，最初，财政并不能独立自主，福建等省还要不断供给它的日常财政支出。1895年台湾地区割让给日本的时候，日本当时曾出现两派观点，一是我们要这样的地方干什么？成为一个负担。另外一派是我们坚决要，因为日本是国土面积比较狭小的国家，获得台湾对它而言意味着国土的扩张，这是很重要的。财政上的负担可以承受。用了十多年时间，到1907年时，整个台湾地区的财政形势趋于好转，当时的评价也出现两派分化：一方面就是殖民地模式的特征显著，剥削很厉害；另一方面就是台湾物产比较丰富，比如说稻米等农产品和热带经济作物对财政形势的改善作用非常明显。这种局面一直持续到1937年至1945年中日战争期间。可以看到，台湾地区真正的发展时期大约只有30年，但就是在这30年间，台湾西部平原地区贯通南北的农田水利灌溉设施基本上建立起来了。有些到现在还在发挥作用，基础就是在那个时代奠定的。

需要特别注意的一点是，仅仅从经济发展绩效的视角来看，1937年至1945年间，中日两国处于战争状态，台湾属于日本统治的区域，日本帝国主义无疑在台湾地区攫取了很多资源。1945年台湾回归中国的时候，可以发现它的整个财政能力、收支状况其实是很糟糕的。但旧台币所曾经引发的金融秩序混乱如何经由币制改革而顺利渡过当时的难关，这一方面很多学者并没有太多关注，其实是很值得深入考察的。

台湾地区经历的这种转型——在不同社会形态之下实现了比较成功的经济与社会转型，而且在社会各个层面，尤其是医疗、社会保障方面做得较好，有不少经验或教训值得进一步总结、借鉴。未来，我国的改革，有很多战略方向性的目标，如果能够逐步实现的话,那我想,在台湾地区曾经实现的东西,也许更有借鉴意义。假如在台湾地区的较好的经验我们都无法移植借鉴的话,由于文化的差异,那么,像日本、欧美等地的制度移植,也许更不可能实现。这是我的一个较深的研究体会。

以上所讲的,可能涉及殖民地模式,进而涉及不同社会形态之下的经济与社会转型究竟应该如何评价的问题。其实,不考虑上述因素,从战略转型的意义上来看,而不仅仅从经济转型的意义来界定的话,上述问题对我们思考未来发展战略定位也会有所助益。2021年是中国共产党成立100周年,2049年是新中国成立100周年。未来的这一段时间里,如何确立我们的发展战略,乃至在各个时期、各个领域里的具体战略目标?这需要有比较清晰的路线图。具体到财税领域的战略目标,我关注的是长时段里的公共服务的可持续性问题和财力支撑问题。

新的目标出现了,刚才讲到"两个一百年"目标,我想这个是有共识的,我们要建立成熟的社会主义市场经济体系,要建成中国特色社会主义市场经济。新的战略方向、目标提出以后,需要解决的很多问题其实潜藏在现实经济之中。

当今中国社会已出现未富先老的趋势,社会经济转型中的一些重大问题都已显现。这些重大问题显现以后,可以看到,政府政策能够发力的主要有两个领域:货币领域与财税领域。货币政策对每一个人的"发力",更多时候是均等的、无差异的——例如通货膨胀对每一个人的"课税"效应;只有财税政策有可能实现精准化施策,对某些特殊群体可以采取税收或者补贴政策。未来如何更好地应用这些政策,取决于对政府角色的定位。例如,如何拟定这个界限,才能更好地实现公共服务领域中"人民对美好生活的向往"?这需要基于公共服务的网络化特征,实现对公共服务的区域协调与治理。

在基层调研的体会和了解到的信息都提示我们,一个碎片化的政策措施出台后,可以看到基层部门的相关措施会很快跟上,而最大的问题出现在公共服务领域。由于公共服务的治理或区域间协调其实具有网络化的特征,如果仅仅出台单一措施,或者多项措施无法联动推出的话,公共服务很难实现高效供给。

举个例子。我们到一些基层社区卫生服务中心调研,我们问,你们的信息网络化服务做得怎么样?他们配备了电脑,也把基本信息录入电脑中,但看了以后才发现,电脑中可以查到信息,也可以看到社区信息登记的追踪进度,我们追问,这电脑和上级部门联网了吗?答复说没有。如果信息没有联网,查找个人的涉税信息、医保信息等,其实看到的都是断裂的、碎片化的信息,很难全面了解真实的公共服务需求。这时,信息、数据的网络化、可及性已经不是单个部门自身所能解决,而需要决策层协调才可能推进。这就涉及信息网络化的战略目标定位究竟要锁定于哪一个层面,相应地,需要考虑实现网络化的财力支持的可能性。诸如这类问题,如果能有较好的设计方案,或者有明确的战略目标定位,或者政府部门间能够实现较有效的沟通协调,也许公共服务的网络化就可能较好地实现。

毫无疑问,当我们把视野放宽做一比较,会发现当前台湾地区的社会治理水平较高,公共服务的网络化程度较好,这一点我们在短时间内恐怕还是赶不上它的。

我们关注台湾地区的转型经验与历史教训,回顾新中国成立以来的发展历程,并将二者在一定程度上做比较分析,可以启示我们,新中国成立前30年和后40年的经验,以及对未来30年的发展前景的规划,都可以相互参照,汲历史所长,补现实经验之不足,从而制定更有利于稳妥推进的公共服务发展战略目标。

(作者单位:中国社会科学院经济研究所)

青年学者论坛

菲利普斯曲线平坦化

汤铎铎

一 理论基础和政策信条

菲利普斯曲线在传统宏观经济理论中居于非常核心的地位。Phillips 关于工资和失业关系的实证[①]文章发表后,这一关系就被迅速整合到主流宏观经济理论中,成为总供给方面的重要支撑。Samuelson 和 Solow 指出宏观经济政策需要在失业和通胀之间权衡[②],虽然也强调了这只是短期关系以及预期的重要性,该文仍然时常被作为思想史的反面教材。在弗里德曼提出所谓自然率假说[③]之后,以潜在产出概念为核心的理论和政策影响至今。

其核心思想是实体经济均衡决定了自然利率和自然失业率,此时的产出水平就是潜在产出。实际产出偏离潜在产出后,价格会率先反应,出现通胀或通缩。价格恢复稳定,意味着实体经济重回均衡。实际产出偏离潜在产出的原因,来自货币幻觉或价格刚性,而这都是暂时的。货币政策的作用就是被动或主动地去适应实体经济,不要让自身成为波动的来源;通过采取某种形式的数量规则或利率规则来稳定

---

① Phillips A. W. (1958), "The Relation between Unemployment and the Rate of Change of Money Wage Rates in the United Kingdom, 1861–1957", *Economica*, Vol. 25, pp. 283–299.

② Samuelson, P. A. & R. M. Solow (1960), "Analytical aspects of anti-inflation policy", *American Economic Review*, 50 (2): 177–194.

③ Friedman, Milton (1968), "The Role of Monetary Policy", *American Economic Review*, Vol. 58, pp. 1–17.

价格，从而让利率水平趋向自然利率，产出水平趋向潜在产出。

这一框架下的政策信条非常简单，也通过媒体和教科书获得了广泛传播。在实际产出高于潜在产出，存在正的产出缺口时，会出现通货膨胀，要采取紧缩政策；在实际产出低于潜在产出，存在负的产出缺口时，会发生通货紧缩，要采取扩张政策。宏观经济政策的主要目标是价格稳定，因为价格稳定即意味着实体经济均衡。实际上，20世纪80年代以来，很多政策制定者都认为，价格稳定是唯一需要关注的目标。20世纪90年代成立的欧洲央行，就一直奉行所谓单一使命。这意味着当通胀目标实现时，其他目标也会随之实现。比如，随着通货膨胀的下降，实体经济就会消除过热；随着通货紧缩的改善，失业率就会随之下降。这就是价格变动和产出缺口之间的替换，即菲利普斯曲线关系。这种均衡论让宏观经济学从高度政治化的学科向更加中性的方向转变，由于具有相对明确的目标和规则，宏观经济政策可以适当委托给经济学家和技术官僚。①

二 菲利普斯曲线平坦化

然而，这种以潜在产出和菲利普斯曲线为核心的政策信条，在实际操作中并非一帆风顺，而是会碰到与理论相悖的情况。在20世纪70年代，美国经济出现了所谓滞胀，即经济停滞和通货膨胀同时出现。滞胀意味着普通菲利普斯曲线关系的改变，即在通货膨胀上升的同时，失业率没有下降，这实际上是菲利普斯曲线的陡峭化。好在经过时任美联储主席沃尔克的紧缩政策之后，滞胀现象很快就消除了，这种菲利普斯曲线的陡峭化并没有对理论和政策造成太大困扰。

在沃尔克紧缩之后的20世纪80年代，以美国为主的发达经济体的通胀水平开始下降，开启了所谓大稳定时期。经过80年代的下降之后，主要发达经济体的通货膨胀率普遍保持在低位狭窄区间，

---

① Congdon, T. (2008), "Two concepts of the output gap", *World Economics*, 9 (1): 147–175.

出现了所谓菲利普斯曲线平坦化的趋势。图1是美国、日本、英国和欧元区的通货膨胀率和失业率散点图。从通货膨胀率看，美国核心PCE大致落在1%到3%的区间，日本核心CPI大致落在-2%到2%的区间，英国核心CPI和欧元区调和CPI（HICP）都大致落在0到4%的区间。从失业率看，日本在3%到6%的区间，美国和英国在3%到11%的区间，欧元区最高，在7%到12%的区间。如图1所示，美国的回归趋势线几乎就是2%的水平线，日本和欧元区仍是负斜率，不过比较平坦，英国则出现了轻微正斜率。前美联储主席伯南克认为，除了经济结构变化和好运气以外，这一现象可能也得益于好的货币政策。① 但与伯南克的严谨和克制不同，大稳定时期弥漫着对宏观经济理论的赞叹和对宏观经济政策取得成功的乐观。

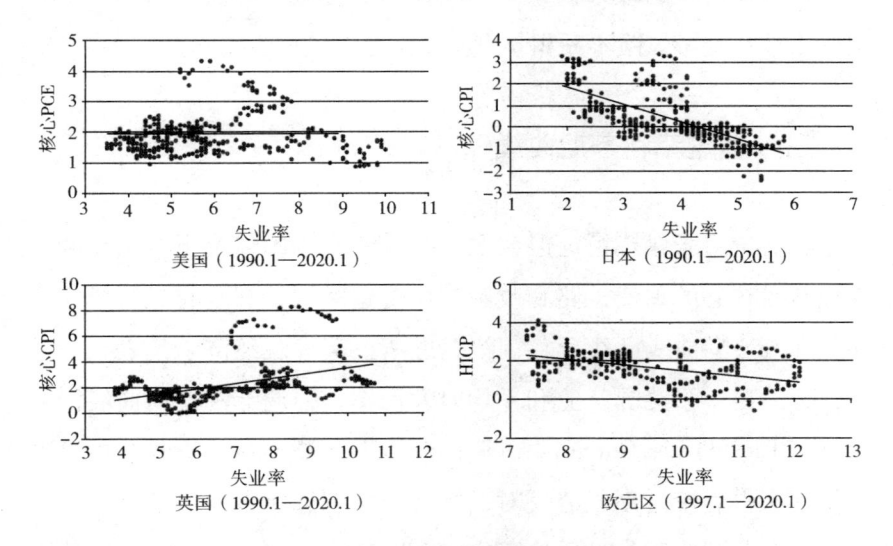

图1 美国、日本、英国和欧元区通货膨胀率和失业率散点图（单位：%）

资料来源：fred. stlouisfed. org.

国际金融危机打破了这种乐观氛围，也改变了经济学家对大稳定时期的定性。很多研究都指出，20世纪50年代以来，全球经历了

---

① Bernanke, B. (2004), "The great moderation", Speech at the meetings of the Eastern Economic Association.

巨大的金融化浪潮，发达经济体宏观杠杆率（债务/GDP）飙升至前所未有的水平，使得经济周期与金融变量之间的相关性越来越强。Jordà 等的长时段面板数据研究显示[1]，高杠杆使得经济周期的波动性降低，但是负偏度提高，或者说，高杠杆造成更低的波动性伴随更严重的尾部事件。信贷膨胀可能有助于消除更多常规的小扰动，但会使经济暴露在更大的罕见崩溃之下。Adrian 等的研究发现，GDP 增长的整体分布是随时间变化的，分布的左尾与金融环境宽松正相关。[2] 这意味着宽松的金融条件增加了未来增长的脆弱性，使得政策制定者面临改善当前金融状况与抑制未来金融脆弱性的跨期权衡。也就是说，这种稳定的低通胀局面实际上隐藏着巨大的金融风险，但是在传统的政策信条中，政策制定者只关心通胀目标，从而实际上放任金融风险不断积累直至爆发金融危机。

三　超越菲利普斯曲线

在通货膨胀保持稳定但金融风险不断积累的情况下，以菲利普斯曲线为核心的理论进路和政策信条遭遇挑战，甚至有经济学家宣布，菲利普斯曲线已经死亡。新凯恩斯主义宏观经济学代表人物曼昆最近给出一张美国就业和平均时薪的图，强调菲利普斯曲线活得很好（The Phillips Curve is Alive and Well）。以金融研究见长的著名经济学家科克伦立刻强势反对，批评曼昆有选择地使用数据，并且明确宣布菲利普斯曲线已死（The Phillips Curve Is Still Dead）。这很有象征意义。宏观经济学已经不能漠视金融问题了，或者说，金融已经强势进入宏观经济学。

国际金融危机之后，这种以实体均衡、货币中性为基础的潜在

---

[1] Jordà, ðet al (2017), "Macrofinancial history and the new business cycle facts", *NBER Macroeconomics Annual*, 31: 213–263.

[2] Adrian, T. et al (2019), "Vulnerable growth", *American Economic Review*, 109 (4): 1263–1289.

产出框架，面临越来越严峻的挑战。此前，欧盟和意大利迟迟无法就预算案达成一致，其症结就在于在通货膨胀稳定的情况下，无法就实体经济状况达成一致判断。而在我国最近的"保六"之争中，经济学家也开始对潜在产出概念本身提出质疑，试图避开这一框架来探讨宏观经济问题。① 总之，对于以菲利普斯曲线为核心的潜在产出概念和所谓自然率假说，经济学家的信念出现了明显动摇：一方面坚信该假说仍是检验理论的试金石②，另一方面也对难以解释的通胀行为困惑不已③；一方面认为该假说仍是中央银行制定政策的默认基准，另一方面也强调要保持开放心态，对其他选择给予足够的重视。④

总而言之，最近的大量研究都指出，金融变量蕴藏着关键的未来产出信息，在经济周期研究中不可忽视。与此相反，菲利普斯曲线平坦化意味着，通货膨胀对于实体经济变动越来越不敏感，其所包含的未来产出信息在下降。货币政策使得实体经济稳定运行，这当然是好的。然而，如果这种稳定运行可能会被突然的金融崩溃所打破，那这种政策就难言成功。如果当下的成功是以未来的脆弱为代价，说明整个政策分析框架遗漏了重要变量。从这个意义上讲，虽然可以利用计量技术的成功拟合，宣称菲利普斯曲线仍然存在⑤，但是，菲利普斯曲线在经济预测和政策考量中的重要性已经明显下降，这毋庸置疑。价格稳定不是经济稳定的充分条件，在高杠杆经济体中，金融因素也扮演着重要角色。

（作者单位：中国社会科学院经济研究所）

---

① 汤铎铎：《反思潜在产出——2020 年中国宏观经济展望》，《经济学动态》2020 年第 5 期。

② Mankiw, N. G. & Reis, R. (2018), "Friedman's presidential address in the evolution of macroeconomic thought", *Journal of Economic Perspectives*, 32 (1): 81–96.

③ Hall, R. E. & T. J. Sargent (2018), "Short-run and long-run effects of Milton Friedman's presidential address", *Journal of Economic Perspectives*, 32 (1): 121–134.

④ Blanchard, O. (2018), "Should we reject the natural rate hypothesis?", *Journal of Economic Perspectives*, 32 (1): 97–120.

⑤ Hooper, P. et al (2019), "Prospects for inflation in a high pressure economy: Is the Phillips curve dead or is it just hibernating?", *NBER Working Papers*, No. 25792.

新中国 70 年地方政府债务:历程、经验与治理

张庆君

我首先要感谢会议的主办方《经济学动态》编辑部的邀请,为我提供了一个发言的机会。本次会议的主题是"新中国 70 年经济建设成就、经验与中国经济学创新发展"。新中国 70 年在经济建设的诸多方面都取得了辉煌的成就,今年关于新中国 70 年经济建设成就的评论非常多,我仅对新中国 70 年地方政府债务发展问题进行回归和总结,并简要向大家做汇报。

一 新中国 70 年地方政府债务的制度变迁

从制度变迁来讲,可以把地方政府债务制度的发展分成五个阶段。第一阶段是从新中国成立到 1978 年,改革开放之前地方政府债务采用的是公债的形式,1952 年东北在整个中国工业经济当中起到带头作用,当时东北生产建设实行公债的方式,主要特征为公债募集,以及还本付息的情况,定价方式是公债发行,跟我们现在不一样。

第二阶段是 1978 年到 1993 年,改革开放初期,地方政府支出比例不断增长,在计划经济到市场经济转变的过程中,希望更多地发挥地方政府在经济发展中的作用,地方政府债务,或者是地方政府的支出规模不断增长。在全国财政支出中,地方财政支出 1978 年为 52% 左右,到 1992 年增长到 68%。随着时间的推移,地方政府资金支配权增加。

第三阶段是 1994 年到 2008 年,分税制改革以后,地方政府债

务规模快速增长,这个阶段可能有几个变化,比如1995年《预算法》《担保法》实施和一系列的相关的分税制改革以后,地方和中央财政分配权发生了变化,改革后财权向中央政府集中,地方政府的财权相对下降。这时,中央和地方的税收、资金支配和事权等都发生变化了。

第四阶段是从2009年到2014年,这个阶段主要是规范地方政府债务,然后恢复发行地方政府债券。这个阶段其实跟2008年国际金融危机有关,受金融危机影响,地方政府融资平台开始融资活动了。这个阶段地方政府开始恢复发行地方政府债券,地方政府融资平台也开始活跃起来,其中2011年像上海、浙江、广州、深圳等地方政府发债试点陆续展开。

第五阶段大概是从2015年到现在,这个阶段主要体现为地方政府债务的管理,由于地方政府显性债务规模比较大,另外地方政府隐性债务规模也比较大。所以要加强管理,尤其是新《预算法》的出台,增量债务方面,严格管理地方政府债券的发行,存量债务方面,尽快实现存量地方政府债务的置换任务。

二 地方政府债务的规模与结构特征

(一) 地方政府债务规模

我国地方政府债务规模的迅速增长主要是1994年实施分税制改革之后,财政支出与财政收入之间的缺口增大,地方财政需求不断增加。1997年亚洲金融危机之后地方政府债务余额增长48.2%,2008年国际金融危机后增长61.92%。由于统计口径和信息来源的问题,各部门统计的地方政府债务规模存在较大差异。2010年和2013年审计署对地方政府债务进行全方位的审计工作,截至2010年末地方政府债务的余额达到107174.91亿元,负债率为16.28%,其中政府负有偿还责任的债务占比62.62%;政府负有担保责任的或有债务占比21.80%;政府可能承担一定救助责任的其他相关债务共计

16695.66亿元，占比15.58%。截至2019年12月末，全国地方政府债务余额213072亿元，负债率为21.5%，其中一般债务为118694亿元，专项债务94378亿元；政府债券211183亿元，非政府债券形式的存量政府债务1889亿元。

目前我国显性地方政府债务规模并未超过国际公认的警戒线，总体风险是可控的，但是由于审计结果中未包含大量隐性政府债务，我国地方政府债务风险要远远高于以上测量水平。从法律层面来讲，地方政府隐性债务不属于地方政府债务，但是如果这些债务不能偿还将由地方政府承担主要的支付责任。它的来源主要包括融资平台因承担公益性项目举借的债务，通过不合规操作（如担保、出具承诺函）发生的或有债务，通过假PPP、包装成政府购买等变相举债而产生的债务。

（二）地方政府债务的结构特征

从债务区域结构来看，我国东部地区地方政府债务余额较大，截至2018年末东部地区的债务余额是82759.37亿元，中部地区是44201.05亿元，西部地区是51102.94亿元。经济发达地区需要更多更完善的配套基础设施等公共物品的提供，地方政府的财政支出规模也随之增加，同时东部地区经济实力使其更容易获得债务融资。而中西部地区经济欠发达，经济发展速度相对缓慢，相应的资金需求较小，无论是债务需求还是融资能力都相对较弱，因此体现债务规模远远小于东部沿海地区。

从债务主体结构来看，举借主体包括融资平台公司、政府机关、经费补助事业单位、自收自支事业单位、国有独资或者控股企业以及公用事业单位等。以2013年的数据为例，最大的举债主体为融资平台公司，占比38.96%；地方政府部门和机构，占比22.69%；经费补助事业单位，占比13.39%。

从债务的政府层级结构来看，总债务占比排在首位的是市级政府，其次是省级政府。以2013年的数据为例，省级政府债务占比29.03%，市级政府债务占比40.75%，县级政府债务占比28.18%。

三 地方政府债务风险及治理

合理规范地方政府债务并有效使用可以促进地方经济的发展，有利于财政的可持续性。现阶段我国地方政府债务具有潜在风险因素表现为以下几点。

第一，地方政府债务风险自下向上级财政传导，易引发全国财政风险。我国上级政府对下级政府在财政运行责任上具有连带性，如果地方政府的财力无法支撑，那么上级政府需要承担这些债务。

第二，地方政府债务风险向金融机构传导，引发系统性金融风险。地方金融机构特别是国有控股的股份制商业银行，容易受到地方政府的制约和干预，对地方政府和国有企业发放贷款不能严格依据风险管理原则，当融资主体清偿能力不足，债务风险就会转化为金融风险。

第三，地方政府偿债能力受资产价格的影响，地方政府偿债资金的主要来源是税收收入、土地出让金、转移性收入、项目收益等，其中土地出让金成为多数地方政府的依赖，但是受到近年来房市行情、土地资源等影响，土地财政不可持续，地方政府偿债资金受限。

第四，地方融资平台风险不容忽视，作为地方政府融资的重要来源，贷款资金主要来自商业银行，这些资金利息成本高、期限短，而地方政府往往将其用于周期较长的建设项目上，资金错配的现象非常普遍，这给地方政府偿债造成压力。目前地方政府债务监管加强，剥离融资平台公司政府融资职能，地方融资平台公司的融资渠道收窄、融资难度加大，资金流动性不足很可能导致资金链条的断裂，影响未到期银行贷款的按时偿还，引发违约风险。

我国面临国际经济贸易形势不稳定、国内经济增速趋缓的复杂环境，规范地方政府举债融资机制、防范化解地方政府债务风险可以有效防范系统性金融风险。

第一，规范地方政府债务管理。各地方政府采取一系列措施筛查以及清理地方政府融资平台债务，对地方政府隐性债务进行显性化处理，有效规范了地方政府存量债务管理。但是在统计上报方面仍然存在疏漏和偏差，实际存量债务远远大于纳入置换的债务，只有将债务彻底剥离、取代和置换，才能真正对隐性债务采取风险防控，降低地方政府的债务负担，化解地方政府债务风险。现阶段，地方政府只有发行地方政府债券的举债方式才是合法化的，必须要提高地方政府债务市场的建设力度，这也是提高地方政府债务管理效率的重要条件。首先，拓展地方政府债券的品种，增加债券期限与项目期限的匹配度；其次，加快地方政府债券的发行进度，严格控制隐性债务风险。

第二，继续深化分税制改革。我们国家已经实施了二十五年的分税制改革，从某种程度上来看，它在很多方面产生了积极影响，包括调整中央政府与地方政府之间的分配关系，提高税收征管力度，确保财政收入，等等。然而，综合当前的发展现状来看，该项改革还面临了很多问题，例如基层财政困难以及地方政府债务膨胀等，从而导致分税制改革无法贯彻落实。应在中央、省级、县级的三级框架里处理好财政税收方面深化改革的问题，将分税制落到实处。

第三，改革地方政府和官员的政绩考核制度。各级地方党委与政府应塑造端正的政绩观，严格控制地方政府债务增量，实现终身问责、倒查责任的目的。改变地方政府以GDP增长率为导向的"锦标赛竞争"，把政府债务负债率和债务率等指标作为评价、考核和选拔干部的重要参考。同时进一步细化考核问责条款，与相关法律法规结合，增加制度的可操作性。

第四，保障还款来源，化解债务风险。短期内，适度加大转移支付力度，通过专项债和置换债缓解地方政府偿债负担。适度加大对下级财政的转移支付力度，并通过专项债和置换债为地方政府注入资金，减轻地方政府还本付息的负担，避免因偿债压力过于集中导致违约风险的发生。

（作者单位：天津财经大学金融学院）

行政区划调整与经济发展质量

詹新宇

我今天发言的论文题目是"行政区划调整的经济发展质量效应：来自'撤县设区'的经验证据"。改革开放以来，伴随着中国市场经济体制的逐步建立与完善，中国的行政区划调整也一直在进行。以"撤县设区"为代表的行政区划调整为中国经济高速增长提供了重要的助推作用，但行政区划调整通过缓解"行政区"与"经济区"发展不一致的矛盾，在促进辖区经济增长的同时，对辖区经济发展质量也可能产生重要影响。为此，我们通过搜集中国250个地级市"撤县设区"的"准自然实验"数据，并使用倾向得分匹配的双重差分法（PSM – DID）实证分析了行政区划调整的经济发展质量效应。

基于实证研究，我们得到以下三方面的主要结论：第一，"撤县设区"显著提升了所在地级市的经济发展质量，并且这一结论在一系列稳健性检验中均成立。第二，异质性分析显示，相比于"被动调整型"撤县设区，"主动适应型"撤县设区更能提升辖区经济发展质量；相比于普通城市，高行政级别城市的"撤县设区"反而对其辖区经济发展质量的提升作用较弱。第三，影响机制研究发现，"撤县设区"是通过城市规模扩张带来的集聚效应作用于辖区经济发展质量的，并且是通过提高辖区行业的多样化水平而非专业化水平来实现的。

我们研究的创新在于：第一，研究视角创新，尽管现有文献对行政区划调整的经济增长效应研究比较丰富，但从经济发展质量效应的视角对这一主题进行研究的文献较少，因而本研究有助于丰富行政区划调整经济发展质量效应方面的文献。第二，研究方法创新，由于进行"撤县设区"的地级市并不是随机产生的，而是受到所在地区经济发展水平、市县之间关系的影响，因此本文采用PSM – DID方法来进行实证分析，通过PSM方法为处理组选取合适的对照组，有效地避免了样本选择偏误问题。第三，稳健性检验方面的创新，本文基准模型运用所在地市的全要素生产率来度量经济发展质量，但在稳健性检验时采用排水管道密度和污水处理率两种非可视型公共品规模来衡量经济发展质量，为后续研究经济发展质量提供了可供参考的新范式。因为城市建设往往呈现出"重地上，轻地下"的特征，而地下网管建设是一个城市的"良心"，因此采用排水管道密度和污水处理率来度量经济发展质量具有合理性和可靠性。

通过我们的研究，可以从经济发展质量的视角，对"撤县设区"政策的影响效果进行思考与评价：

首先，"撤县设区"因打破所在城市与周边县（市）之间的行政分割而具有正面影响效果，但又因为后续相应配套措施未落实到位而存在一些弊端。一方面，"撤县设区"有利于减少城市与周边县（市）在经济布局和市政发展上的重复建设、产业雷同、恶性竞争、资源浪费、市场保护等现象，提升资源的配置效率。中国经济始终具有经济区和行政区的双重体制特征，行政权力只能在一定的边界范围内起作用，而经济活动不宜受到任何边界的限制。行政区与经济区往往存在一些矛盾，随着经济区的不断演化和发展，经济区的"中心—外围"市场结构特征越来越明显，有必要对行政区划进行适当调整。在中国式财政分权体制下，由于特有的"行政区经济"，资本、劳动等要素不能够自由流动，不同行政区之间形成了严重的市场分割。而"撤县设区"有利于打破行政壁垒，减少不同行政区间的政府机构摩擦，便于统一规划安排城市规划、产业布局、基础设施建设。但另一方面，"撤县设区"也存在着相应弊端。主城区可能会以牺牲被撤并县的利益为代价来大力发展主城区经济。许多地方

"撤县设区"改革后存在着"同城不同待遇"现象，被撤并后新建立的市辖区难以获得与主城区在教育、医疗等方面相同的待遇。于志强等发现"撤县设区"不利于杭州余杭区的经济发展，并认为这是由于余杭区与主城区是一种从属关系所导致的。此外，由于中国未明确设区指标，在设区过程中存在一定的随意性，因此也存在若干区改回为县（市）的情况，如1997年萍乡市撤销芦溪区、上栗区设立芦溪县、上栗县，2006年佳木斯市永红区划归佳木斯市郊区管辖。

其次，"撤县设区"能够打破城市与周边县（市）在行政上的刚性壁垒，有助于区域市场整合和一体化，减少重复建设、恶性竞争、市场分割等现象，推动市场融合和提高资源配置效率。并且"撤县设区"有利于劳动、资本等要素在地区之间转移，要素结构的变化会进一步影响到技术进步方向，而技术进步不仅会促进城市经济增长，而且还会提升城市的经济发展质量。此外，城市经济学相关研究表明大城市比小城市生产率更高，中国一半以上的城市都存在着规模不足的问题。"撤县设区"通过将县（县级市）调整为市辖区扩张了已有城市的规模，且"撤县设区"导致的城市规模扩大通过分享、匹配和学习三个机制产生集聚经济效应，从而提高城市生产率。由于经济发展质量是一个多维性概念，所以无论是资源配置效率的改善，还是技术进步或是集聚经济效应都会影响到一个城市的经济发展质量。由此可见，以"撤县设区"为代表的行政区划调整对经济发展质量的影响究竟为正还是为负，其影响机制如何，在不同城市影响效果是否存在差异，这些问题都值得研究。可见，对此进行实证分析是有现实意义的。

针对以上研究结论，我们提出了以下几点政策启示：第一，应继续有序推进行政区划调整，使行政区划调整与辖区经济发展需要相适应，减少"行政区"与"经济区"之间的矛盾冲突。第二，行政区划调整的动机也会影响到它的经济发展质量效应。各地在进行行政区划调整时，应着重考虑实施行政区划调整的动机、成本和预期效果，一味单纯地为了"调整"而调整，可能会使实际效果大打折扣。第三，行政区划调整应防止城市规模的过度膨胀。"撤县设区"不应拘泥于城市的行政级别而忽视城市发展的真实需求。应推动大中小城市协调发展，防止超大特大城市无序蔓延，中小城市应结合自身实际发展情况做出相应调整。第四，制定与经济发展阶段相匹配的"撤县设区"标准和严格规范的撤并程序，避免以经营土地为核心而吸引外部低效率企业进入的传统城市发展战略，努力推动城市产业的专业化、多样化齐头并进，从而助力辖区经济发展质量的提升。

（作者单位：中南财经政法大学财政税务学院）

新中国成立70年中国经济高质量发展的推动力演变

王桂军

改革开放以来，中国经济发展创造了"东亚奇迹"，取得了举世瞩目的成就。但克鲁格曼指出，类似于中国这样持续高速增长的东亚国家，主要依靠要素投入推动经济增长，技术进步并没有起到显著的拉动作用，因此给出了这种经济增长不可持续的结论。现在看来，克鲁格曼的观点不无道理。近年来，中国经济发展虽然依旧迅速，但经济增速呈明显的"L形"下行态势，如何转换经济增长动能成为亟待解决的关键问题。习近平总书记在党的十九大报告中强调，中国经济已由高速增长阶段转向高质量发展阶段。可见，"高质量发展"是新常态下中国经济增长的核心表征，如何调整产业结构并提升科技创新水平以助推中国经济高质量发展受到了社会各界的广泛关注。

笔者利用全要素生产率刻画经济发展质量，并将其分解为产业结构变迁效应和技术进步效应，从宏观层面分析了改革开放以来不同发展周期下产业结构变迁与技术进步对经济发展质量的异质性影响。主要得到以下几个重要结论：

1. 改革开放以来，产业结构变迁和技术进步均是助推中国经济质量发展的核心变量。但1979—2016年技术进步对经济质量发展的平均贡献率高达89.34%，而产业结构变迁对经济质量发展的平均贡献率只有10.66%。可见，相较于产业结构变迁，技术进步更能推动中国经济质量的发展。

2. 改革开放初期（1979—1985年），产业结构变迁对经济质量发展的贡献比较可观，平均贡献率达到44.69%。之所以出现这一现象，笔者认为有以下几点原因：(1) 改革开放推行的"家庭联产承包责任制"极大地激发了农业劳动人口的积极性，这一方面使得农业本身的发展质量得到显著提升，另一方面也将饱和的农业就业人口释放到了第二和第三产业，带动了第二和第三产业的发展；(2) 改革开放初期，建立的市场化经济体制也极大地提高了生产要素在三次产业间的配置效率，加之当时中国物资短缺，供不应求的市场环境带动了三次产业特别是第二产业的快速增长。基于以上两点，产业结构变迁成为当时中国经济质量发展的重要动能。但需要注意的是，虽然该阶段的产业结构变迁效应显著，推动经济质量发展的主要力量依然是技术进步（平均贡献率为55.31%）。

3. 从1986年开始，中国经济质量的发展几乎完全依靠技术进步推动，产业结构变迁效应在一些年份甚至表现出显著的负向贡献，这一现象一直持续到2002年。对此，笔者给予如下解释：(1) 随着人们生活水平的不断提高以及三次产业特别是第二产业资本的积累和产品的升级，中国市场供不应求的局面逐渐改观，需求不仅被满足而且结构开始升级，市场逐渐从"凭票供应"向"喜好购买"转变，市场竞争也随之愈演愈烈，这一系列转变使得原有的完全粗放型发展不再为经济质量的发展提供动力，由粗放型发展转向为集约型发展并不是件一蹴而就的事情，这便导致了在这一漫长的时期内产业结构变迁一度不能正向影响中国经济的质量发展；(2) 改革开放使得中国成功嵌入全球价值链，由于改革开放初期相对低下的技术水平，中国只能基于劳动力充裕的比较优势从事价值链低端的代加工环节，但正是因为这种嵌入全球价值链的生产模式，中国通过"进口中学习"和"出口中学习"获得了大量成本低却收益大的模仿创新机会，极大地提高了国内技术创新水平，从而显著地推动了中国经济质量的发展。

4. 自2003年起，经济发展质量中的技术进步效应开始呈现下降趋势，特别是在 2008 年国际金融危机爆发之后，技术进步对经济质量发展的贡献一度被产业结构变迁效应超越。出现这一变化的原因可能在于：随着中国经济的高速发展，中国在全球价值链中的位势不断攀升，并逐渐取代了诸如德国和日本等老牌资本主义国家的地位，形成了以中国为枢纽，上接发达经济体，下连发展中经济体的全球价值"双环流"体系。在这样的全球价值链生产体系下，中国虽然可以继续承接上环流发达国家的代加工业务，但由于与发达国家技术水平差距的收敛，使得模仿创新收益锐减，与此同时，在下环流诸多发展中国家全球价值链位势攀升的倒逼下，中国又亟须生产高附加值的中间品以满足下环流国家的代加工业务。这样，在上下两环流给予的双向压力下，近年来，特别是在 2008 年国际金融危机之后诸多发达国家经济发展陷入疲软状态的国际大背景下，中国不得不开启漫长的自主创新之路。与模仿创新不同，自主创新具有成本高、周期长、风险大且收益不确定等特点，这便导致近年来中国技术进步后劲不足，从而使得经济质量发展中的技术进步效应出现了明显的下降趋势。进一步反观产业结构变迁效应，其在 2003 年之后贡献率不断得以提升，对于这一现象可能的解释是：近年来工业化和城市化的稳步推进和对外开放的不断深化不仅使得资本要素得到了合理配置，而且有效提升了服务业特别是生产性服务业的行业规模，再者，原有粗放型的产业发展模式近年来也逐渐改观，这一系列转变最终使得经济质量发展中的产业结构变迁效应愈发可观。

基于以上结论，不难发现，21 世纪以来，特别是 2008 年国际金融危机之后，中国经济质量发展中的技术进步效应锐减，逐渐被产业结构变迁效应代替。这虽然彰显了近年来中国产业结构不断升级的事实，但同时也意味着，改革开放以来中国从对外贸易中获得的模仿创新红利逐渐消失，中国到了不得不强化自主创新的关键时期。因此，充分发挥政府职能以最大限度地调动各部门自主创新的积极性将是未来政府工作的重中之重。笔者建议可以从以下几个方面着手：（1）转变创新理念，强调自主创新。中国已然走到了模仿创新时代的末期，未来中国的技术进步将是一个自力更生的艰难过程，与模仿创新不同，自主创新是一个跨期长、风险大且收益不确定的复杂过程，过去以模仿创新为基础的创新理念已经不再适应当下的创新环境。因此，从模仿创新向自主创新理念的转变将是开启漫长自主创新之路的第一步。（2）注重原始创新，强调创新质量。有学者将中国创新分为以发明专利为表征的质量型创新和以实用新型及外观设计专利为表征的数量型创新，从创新对技术进步的贡献来看，质量型创新要远高于数量型创新。因此，政府部门要积极宣扬原始创新理念，强调创新质量，优化专利的申请授权制度，利用制度倒逼创新主体对关键核心技术创新、关键共性技术创新和颠覆式创新等质量型创新的重视。（3）调整补贴政策，提高创新效率。中国传统的补贴政策以直接给予的事前扶持为主，这虽然有效缓解了企业创新的资金约束，但也在一定程度上使企业形成了创新"惰性"，创新投入产出效率并没有显著提高。因此，政府可以将部分事前补贴改为事后奖励，或者变资金补助为股权投资，这既可以缓解企业创新资金约束，又可以充分调动企业创新积极性，提高企业创新效率。（4）培育高层次人才，加强创新队伍建设。高层次创新型人才是自主创新得以实现的重要基础，因此，政府要积极培育并引进高端创新人才，孕育创新精神，提高创新氛围，强化创新队伍建设，以建构良好的国家自主创新大环境。

（作者单位：北京大学经济学院）

中国高财富人群的财富分布与慈善捐赠

祁 磊

新中国成立70年以来，特别是改革开放之后，中国经济高速增长，取得了巨大成就。然而，与此同时，中国的贫富差距也逐渐拉大。党的十九大报告做出了中国社会主要矛盾转化的准确判断，这体现了党和国家对当前分配问题的高度重视。按照邓小平同志1985年所提出的观点：一部分地区、一部分人可以先富起来，带动和帮助其他地区、其他的人，逐步达到共同富裕。中国的这些高财富人群无疑算是邓小平同志所说的"先富起来的一部分人"。那么，目前中国这些先富起来的人的人口规模和财富规模有多大？他们的财富分布是什么状况？他们先富起来之后，带动和帮助其他人的情况又如何呢？我们的研究主要就是尝试回答这三个问题。

中国高财富人群中大部分人是企业家，作为企业家，除了办企业创造就业岗位、提供产品和服务、依法纳税外，慈善捐赠也是一种承担社会责任的重要表现形式。慈善捐赠属于"第三次分配"，是对初次分配和再分配的有益补充，是中国"先富群体"积累巨额财富后，带动和帮助其他人，践行邓小平同志"先富带后富"理念的一种重要方式。而慈善捐赠行为要受个体财富水平的影响，大额的慈善捐赠需要有经济能力的支撑，中国富豪群体作为中国财富金字塔顶端的人群，客观上具有最强的慈善捐赠经济能力。我们的研究就考察了这些中国富豪的实际捐赠情况。

在数据方面，我们的研究主要是基于2005—2019年富豪榜数据和2011—2018年慈善捐赠榜数据，并结合其他来源的数据，详细分析中国高财富人群的财富分布与慈善捐赠分布情况,对这部分人口的人口规模、财富规模、财富分布和财富不平等动态变化规律进行全面系统和长时段的研究,并考察其慈善捐赠总量和结构的变化以及慈善捐赠分布的情况。

因为相关的法规及财务制度要求披露富豪所持有企业资产的市场价值以及他们个人的收入和财富信息,并且这部分中国财富金字塔顶部的人群受到的社会关注更多,想要隐瞒自己真实财富状况的难度更大,所以,尽管富豪榜数据仍有可能会遗漏一部分高财富人群,但总体而言,富豪榜数据还是相对可信的。同样,为了编制"胡润中国慈善榜",胡润研究院交叉核对了来自最新的公开宣布的捐赠报道、新闻发布会信息和慈善基金会档案等处的信息。所以,"胡润中国慈善榜"的数据也是相对可信的。因此,富豪榜数据和慈善榜数据还是能够大致反映出中国这些"先富群体"财富和捐赠的基本情况。

我们的研究主要得到了以下几个结论,在这里和大家分享一下。

首先,综合各种来源的数据信息,对于中国高财富人群的人口规模,我们可以做出这样一个基本判断:目前中国拥有1亿元人民币以上财富的人口规模在10万人以上;拥有20亿元人民币以上财富的人口规模大致在2000人;拥有100亿元人民币以上财富的人口规模大致有400人;拥有1000亿元人民币以上财富的人口规模大致在20人以内。与总人口相比,其人口比例分别大致在"万分之一""百万分之一""千万分之一"和"亿分之一"这些数量级。利用幂律分布估算出的中国高财富人群的人口规模和人口比例,也与上述判断基本相符。这大致就是邓小平同志所说的"先富起来的一部分人"目前的人口规模情况。当然,这种判断只是数量级意义上的。此外,对于中国高财富人群的财富规模,我们可以做出这样一个基本判断:目前中国前2000名左右富豪的财富总量已经接近中国GDP的20%,相当于中国A股总市值的30%—40%,而他们占中国总人口的比例,仅仅在"百万分之一"这个数量级。毫无疑问,中国

"先富起来的这一部分人"的财富规模已经相当庞大,他们积累了数额巨大的财富,中国的财富集中程度已经很高。需要指出的是,这里所说的财富都是指家庭净资产,即资产减负债。

其次,大量已有的实证研究结果表明:财富分布具有"长尾"特征,顶部高财富人群的财富分布一般可以近似用幂律分布来描述,幂律分布可以较好地反映财富分布的上尾部规律。财富的幂律分布规律是指个体的财富值与其财富排名存在着对数线性关系。我们最后的回归结果也显示:中国富豪的财富值及其排名确实存在着显著的对数线性关系,因此,中国顶部高财富人群的财富分布可以近似用幂律分布来描述。而即使是中国最顶部的高财富人群,其内部间仍然存在着较高的财富不平等程度,在胡润富豪榜里,中国富豪群体内部间的财富基尼系数在 2019 年达到了最大的 0.567,富豪群体内部也在不断分化。2008 年国际金融危机对中国富豪群体的冲击较大,金融危机使得富豪群体财富整体缩水,无论是富豪榜的上榜门槛、首富的财富值、富豪群体的总财富均出现了很明显的下降,此外,金融危机还使得富豪群体内部财富不平等程度下降。

最后,从单年的慈善捐赠规模上看,中国超级富豪群体单年的慈善捐赠规模总体上是增大的。近几年"胡润中国慈善榜"里中国前 100 名左右上榜慈善家的捐赠总额大致在"百亿"数量级,上榜门槛大致在"千万"数量级。在大部分年份,"胡润中国慈善榜"里上榜富豪捐赠总额占全国慈善捐赠总额的比重都在 10% 以上,而在 2015 年这一比重达到了最高 27.08%,而他们占中国总人口的比重,仅仅在"千万分之一"这个数量级。从慈善捐赠累计额的角度看,中国超级富豪群体慈善捐赠的规模已经很大了,截至 2019 年 3 月 31 日,历年慈善捐赠总额超过 10 亿元的在世华人慈善家达到 30 人,历年慈善捐赠总额超过 100 亿元的在世华人慈善家达到 4 人。

中国超级富豪群体捐赠的这些钱和物资主要流向了灾害疫情、教育、扶贫这几个领域。其中,灾害疫情类捐赠的波动性最大,往往某一年份若发生重大的自然灾害或公共卫生事件,则灾害疫情类捐赠会在短时间内激增。如2003年非典疫情；2008年汶川地震，中国南方低温雨雪冰冻灾害；2010年青海玉树地震，甘肃舟曲特大泥石流；2013年四川雅安地震。这些年份的灾害疫情类捐赠占比都较高，其中，灾害疫情类捐赠占比最高的2008年，上榜慈善家的捐赠中这一占比达到了43%。而在没有重大灾害疫情的年份，灾害疫情类捐赠占比则通常极低，例如在灾害疫情类捐赠占比最低的2018年，上榜慈善家的捐赠中这一占比仅为1%。与灾害疫情类捐赠的波动性不同，教育类捐赠是相对稳定的，一直占有很高的比重。教育类捐赠的相对稳定是因为捐资助学，帮助其人力资本提升是一个长期的过程，需要长期持续的投入，在大部分年份，教育类捐赠的占比都在30%以上，而在有重大灾害疫情的年份，灾害疫情类捐赠对教育类捐赠有一定的挤出效应。此外，随着近些年国家对扶贫问题的重视和强调，扶贫类捐赠的比重也逐渐增大，在2018年，扶贫类捐赠的比重达到了最高的29%，成为仅次于教育捐赠的第二大捐赠领域。

从慈善捐赠分布上看，中国超级富豪慈善捐赠分布的不平等程度要远远高于财富分布的不平等程度。极少数富豪的捐赠占了富豪捐赠总额的很大比例，而其他大部分富豪的捐赠则相对较少，慈善捐赠的分布很极端。在大部分年份里，第1名捐赠额与上榜富豪捐赠总额的比值均在20%以上，在2014年，这一比值达到最高的72.42%；前10名捐赠额与上榜富豪捐赠总额的比值均在60%以上，最高的年份在80%以上。相对于富豪财富分布的基尼系数而言，富豪慈善捐赠分布的基尼系数相当大。"胡润中国富豪榜"前100名富豪财富分布的基尼系数基本在0.3左右波动，而"胡润中国慈善榜"前100名慈善家捐赠分布的基尼系数大部分年份都在0.7以上，2015年更是达到了最高的0.862。因此，在通过慈善捐赠使先富带动后富，帮助其他人实现共同富裕的实际行动上，中国超级富豪群体内部仍存在较大差异。

（作者单位：浙江工商大学经济学院）

中国的经济转轨与经济赶超

武 鹏

改革开放以来的中国经济发展,既是一个由传统计划经济体制向社会主义市场经济体制过渡的过程,也是一个由低收入国家向中上等收入国家过渡的过程,即具有典型的"双重过渡"特征。为此,我们需要从经济转轨和经济赶超两个方面审视四十余年来中国经济的快速发展。

一 国际比较下的中国经济转轨

考虑到东欧剧变是1989年开始,同年12月份结束的,1990年是一个较为合宜的比较起点。那么,根据世界银行提供的数据,自1990年到2018年,中国经济的年均增速高达9.6%,累积增长了12倍;越南仅次于中国,年均增速达到6.8%,累积增长了5.4倍。相比之下,苏联和东欧转轨国家的经济增速相对要更低一些,其中,被西方誉为转轨明星的波兰,经济增速位居欧洲各转轨国家的首位,但年均也只是达到3.73%;作为昔日超级大国继任者的俄罗斯,年均经济增速仅有0.7%,近三十年来仅累积增长了21.6%,远低于118%的世界同期平均水平。对于转轨后的经济发展,"休克疗法"的倡导者曾提出了J曲线效应,即经济发展水平先短暂小幅地下降到一个陷阱式的底部,然后就会快速持续地上升。但我们看到,许多采用了激进政策的国家经过近40年的转轨,到现在也没有爬出"转轨陷阱",比如格鲁吉亚、摩尔多瓦和乌克兰的人均GDP比1990

年时还要低。即便是2014年乌克兰内战发生前，其GDP增速也是很低的。

面对激进式改革所带来的混乱和中国渐进式改革所取得的成效之间的鲜明反差，以 Jeffrey Sachs 为代表的激进改革倡导者试图将以中国渐进式改革的成功归诸于特定的客观规律，进而弱化乃至否定中国渐进式改革所带来的经济奇迹。他们认为，首先，中国在转轨之初的经济发展水平显著低于苏联和东欧各国，那么根据新古典经济增长理论的收敛推论，其受到边际收益递减规律的约束较小，更易于吸收前沿国家的技术外溢，进而其经济增速快于大多采用了激进式改革方式的苏联和东欧各国也是很自然的事情，不能将两者间转轨绩效的差异过多地归诸转轨方式的选择；其次，与苏联和东欧各国不同的是，中国改革的初始条件中包括典型的城乡分割特征，体制改革后劳动力在城乡部门间进行再配置将会显著提升社会的生产率，进而促进经济增长，但是，这种增长无非是发展经济学早已阐述了的二元经济结构下的经济增长而已，伴随着剩余劳动力耗尽后"刘易斯拐点"的到来，依靠高投资驱动的中国经济增长即将碰壁。进一步地，他们认为，伴随着休克疗法后J效应的出现，和渐进式改革中市场化不彻底所遗留的隐患，中国在长期中的经济表现必将落后于采用了激进式改革的东欧国家。

针对以上两点质疑，我做了一下关于转轨国家增长核算的实证研究。为了让大家在一个具有共识性的平台上说话，我用了 Barro 和 Sala-i-Martin 在《经济增长》中提供的方法，而没有采用太过复杂的方法。顺便说一下，事实上复杂的方法在国际比较中也没有什么太多的优势。一方面是不同国家间的异质性较大，另一方面样本信息本身也不支持诸如超越对数函数等模型设定。比如说，基于超越对数模型可以计算配置效率、规模效率、技术进步还有技术效率的改进，但是通过它的展开式可以发现，它事先设定了一个要素弹性持续单向变化的轨迹，我们承认弹性在长期中应该会有所变动，但是这一变动不一定是单向的，很可能是波动的、可高可低的。对此，我觉得像教科书上的方法已经足够了,它能提供一个比较好的基准。

利用世界银行数据的增长核算结果表明,收敛并不能充分解释中国和其他转轨国家间的经济增长绩效差异。即便考虑到 Sachs 说的收敛是指经济在正常环境下运行的时候,我们把转轨过程中经济衰退的阶段剔除,这一结论也是成立的。如 1999 年所有东欧国家均宣布完成转轨的时候,其经济均转为了正增长,那么就拿 1999 年之后的数据去做收敛检验,结果表明,收敛是显著存在的,但这种收敛只能解释中国经济赶超的一半。中国经济的增速高于收敛路径平均达 3.83 个百分点,近几年已高度稳定在 4% 的水平。举例来说,按收敛模型的预测,2018 年时中国与斯洛文尼亚的人均 GDP 之比将由 1999 年时的 9% 上升至 15%,而彼时中国实际取得的人均 GDP 已达到斯洛文尼亚的 30%,是收敛模型预测结果的两倍。要是把中国经济增速高于收敛路径的 4% 扣除的话,这 30% 的比例要延迟至 2047 年才会实现。也即是说,收敛模型明显低估了中国经济赶超的速度,基于收敛机制远不能解释中国对斯洛文尼亚等发达转轨国家的迅速追赶。

另外,增长核算的结果显示,转轨国家的经济增长均存在显著的要素推动特征,像中国的经济增长,80% 都是来自资本贡献。但是,相对于其他转轨国家 88% 的贡献率来看,至少中国的要素驱动特征并没有那么明显。这样的话,问题便剩下了一半。也就是说,中国依靠过度的要素积累,实现了相对于其他转轨国家更高的增长绩效的论点,是不成立的,但与此同时,中国经济增长的可持续性依旧存疑。下面我们就从东亚模式下的赶超型增长出发,对此予以阐释。

二 "东亚奇迹"与经济赶超

传统的增长核算中存在一个很大的问题,就是作为国民经济统计学家,对隐性的技术进步,特别是物化的技术进步不愿意给予太多的认可，但是这些技术进步却实实在在地形成了财富和增长。比如说像日本、韩国当时快速增长的时候，如果你要按实际 GDP 增速去算，不会增长那么快，它们在这个中间会出现一个有效汇率的快速上升，实现了名义 GDP 的加速追赶。就中国来看，按 GDP 指数算出的将近十个百分点的经济增速着实不低，但考虑到 1990 年时我们的人均 GDP 只相当于世界平均水平的 8%，即便在长期中保持了 10% 的奇迹增速，要想追赶上发达国家也将会是遥遥无期的。但我们看到，按 M2 计算的中国通胀率是比较高的，钱发得那么毛，汇率总体上还表现出了大幅上涨的趋势。迄今虽然人民币币值上涨空间已然不大，但上下波动范围较小，考虑到货币增速的影响，人民币的实际汇率还是在逐渐提升的。为什么实际有效汇率增长快？因为里面隐含了被市场认可却没有被统计方法认可的技术进步。这种实际有效汇率的快速提升，跟日韩当年高速增长的时候是一模一样的。

比如像日本，虽然说是发达国家，但是第二次世界大战前日本的经济发展水平在先行工业化国家中是很低的。在《大国兴衰》里给出的数据可以看到，日本连意大利都赶不上，而意大利还是号称"贫穷帝国主义"的国家。第二次世界大战之后日本才走上发展的快速路。比如日本的汽车行业，1936 年美国对它进行军用卡车的禁用，倒逼着它自己造汽车。到了 50 年代，日本搞逆向创新，丰田把大众甲壳虫拆了学着造车。刚开始，榨油厂出身的丰田造车技术水平很低，还停留在搞纺织业的层次。看丰田的标志了吗？就是线穿过针眼的造型。1964 年的时候，鉴于日本搞出口导向和进口替代，总是到欧美的市场上搞倾销，还不让欧美的商品进来，欧美各国为保护自己的市场，觉得日本已经发展到一定水平了，不能再这么玩了，便逼迫日本放开汽车市场。那时候，日本的汽车行业已经拥有了很强的综合市场竞争力，甚至已到达了首屈一指的程度，但它们灯下黑，自己不知道，总觉得开放市场后会被欧美汽车公司打得稀里哗啦。包括美国也自信满满地认为，一旦日本开放汽车市场，通用、福特一定会把日本汽车业打得稀里哗啦，但事实上，结果是日本把美国汽车业打得稀里哗啦。这就好比在 20 世纪 90 年代，乃至 21 世纪头十年的中国，有谁能想到中国本土会成长出华为、阿里、大疆这样震撼世界的企业？还有韩国，在 1963 年时人均 GDP 很低，按 40 年算，到了 2003 年的时候，韩国已经到了一个发达国家守门员的位置。中国经过改革开放 40 年的发展，人均 GDP 还没有达到按汇率法计算的世界平均水平，我们比他们慢，但这个过程中我们的路径很相似。这其中的原因在于，鲤鱼跳龙门已越来越难，如今再想介入到复杂的工业生产体系里已经很难了。比如像越南，虽然经济增速不低，但是没有像样的品牌和核心技术，在专业化的细分技术领域中也没有隐性冠军。世界有 2300 个隐性冠军，在很多关键的工业组件领域内，都有一个在全世界占到三成甚至七成市场份额的企业，很难被替代。另外，技术水平低导致越南的企业缺乏核心竞争力，不容易挣到钱，无法脱离像珠三角地区成型的产业链。

（作者单位：中国社会科学院经济研究所）

社会主义市场经济机制探索:1949—2019

王媛玉

新中国成立以来,从"一穷二白""百业待兴"的经济基础发展到如今取得举世瞩目的经济成就,走出了一条中国特色社会主义经济发展道路,其背后的推动力正是中国共产党领导下全国人民对社会主义市场经济机制的不断探索。中国经济飞速发展的历程,是我们不断探索经济运行内在机制的过程,在探索中有成功也有失败,最终以长期发展的稳定和高效为最根本特征,标志着社会主义市场经济机制探索的成功。我们所探索到的或应用的经济机制不是主观政策,而是客观规律,它不符合任何一种传统经济学研究的理论范式,但在中国的实践取得了前所未有的成功。在借鉴已有研究成果的基础之上,我们希望更加系统、全面地总结中国社会主义市场经济运行机制的探索过程,透过种种现象看到背后的经济推动力本质,用一种全新的理论范式对中国的"经济奇迹"作出解释。

一 社会主义市场机制的探索历程

中国经济发展的历程,是在社会主义制度前提下不断探索经济运行机制的过程,具体表现为不断尝试去改革经济体制以使之符合经济运行机制需要并实现经济快速、稳定发展的过程,大致经历了机制体制合一的计划经济时期、机制体制分离的频繁改革时期、体制稳定的中国特色社会主义市场经济管理时期三个阶段。

新中国成立以来,前三十年(1949—1978 年)的经济机制探索与经济体制选择是一体的，推行单一的社会主义公有制为基础的、高度集中的、行政指令为主的计划经济。这一阶段中国的经济制度和经济体制没有发生根本性变化。计划经济的优越性在于对市场弊病的纠正，其核心就是确保国民经济的均衡发展，既避免生产过剩，也纠正生产不足。这对于中国经济"一穷二白"的起步状态而言，可以实现整个经济建设全面快速推进，具有重大意义。然而，后期由于所有部门的产业技术进步都存在相当大的需求，这种社会生产力的需要在当时中国内外资源受到严重制约的背景下已经非计划经济体制"集中力量办大事"制度优势的作用所及，这也是在机制体制合一的计划经济框架下走了不少弯路、犯了不少错误之后逐步被认识到的。这些宝贵的尝试，为下一阶段为实现技术进步而推进改革开放的体制机制创新，提供了积极的借鉴。

1978—2002年为改革体制以转变机制时期，是为实现生产力进步而主动拆除管理体制障碍的尝试过程，而导入市场机制的同时如何避免市场失衡带来的生产过剩或不足问题则是体制改革的主要领域。计划经济发展后期显现出诸多问题，突出地表现在社会生产力水平的落后和产业技术发展的停滞上。此时我们已经意识到，计划经济体制不能满足社会生产力发展的客观需求，必须改革体制以转变经济运行机制。体制改革以开放为背景，通过市场机制的逐步导入，实现了吸收外部资源加速技术进步、补充国民经济缺口、激发经济活力的目的。同时，社会主义特征也以经济管理有效性为标准进行了尝试性的延续。其中，计划方式向规划方式的转移，克服了市场经济的短视行为；国有经济的保留，避免了市场趋利对整个经济基础的冲击；集中力量办大事的制度优势，依然在核心技术攻关等领域发挥着重要作用。因此，这一阶段的探索过程在整体上成功地发挥了市场的优势，也成功地克服了市场的弊病。

2002—2011年是以转型发展促进体制创新的经济运行阶段。上一阶段的经济运行方式探索取得了初步的成果，但技术"补课"使命基本完成的同时，传统产业技术引进带来的增长方式弊病也暴露出来。20世纪90年代以来，中国的经济发展是粗放式的，实现了以资源浪费、环境污染为代价的经济高速增长。随着不可再生资源的日益枯竭，资源、环境与人口增长对经济发展的约束性越来越强，迫切需要转换经济发展方式，变粗放为集约，从而实现经济运行机制的转型。这一阶段的经济运行方式探索从追求技术进步带来经济增长，转向了对市场失衡和需求动力的关注，并创造性地找到了通过供给侧调整供求关系的市场内在机理。而社会主义制度特征对人民生活水平提高的追求，抓住了市场动力之源的需求，探索到了市场机制的内在核心问题。

二 社会主义市场经济体制探索的成就

中国经济的发展历程表明，在党和国家领导下全体中国人民对社会主义市场经济机制的探索是一个曲折前进的过程，在总结成功与反思失败的基础之上，最终找到了一条正确的道路，证明了社会主义市场经济体制的实践性、客观性与科学性。从理论角度出发，社会主义市场经济机制的成功之处在于机制与体制的区别与分离，在于机制与制度的辩证统一，在于机制与市场管理的有机结合。

经济机制与体制从合一到分离，是改革开放时期我们党和人民在社会主义市场经济机制探索道路上的重大理论成就，这是在总结多次探索经验的基础上得出的思想成果，并能够在实践中起到科学的指导和引领作用。探索是一个曲折而痛苦的过程，正如邓小平同志在"南方谈话"中提到的，我们要"大胆地试，大胆地闯"，在借鉴国外先进的经验与总结自身失败的教训中不断提升。"把马克思主义的普遍真理同我国的具体实际结合起来，走自己的道路，建设有中国特色的社会主义，这就是我们总结长期历史经验得出的基本结论。"[①] 可以说，社会主义市场经济机制就是在一次次的探索与试

[①] 《邓小平文选》第3卷，人民出版社1993年版，第3页。

验中，一步步地走向成功的。

社会主义从一开始就没有发生在发达的资本主义国家，而是在生产力相对落后的俄国率先实践。之后苏联建立起的高度集中的社会主义经济制度实质上超越了生产力发展阶段，陷入僵化而最终失败。回到当时的中国，经济凋敝，积贫积弱，生产力水平严重低下，在这样一个落后的大国建设社会主义，几乎是不可能实现的。然而，凭借着百折不挠的探索精神，中国成功摸索出社会主义经济制度的真谛："社会主义的本质，是解放生产力，发展生产力。"生产力与生产关系是相互作用的，在特定的历史阶段选择了适当的生产关系，就一定能够促进生产力的发展。解放生产力、发展经济，正是经济运行机制所要达到的最终目标，因此，从这一角度出发，社会主义市场经济机制与其所选择的基本经济制度是辩证统一的。

中国的市场管理方式之所以科学，是因为社会主义基本经济制度与市场配置资源方式的结合显示出了巨大的优越性。以公有制为基础的社会主义市场经济以满足人民群众对物质文化生活的需求为首要目标，看到了市场经济运行中需求的决定性作用，应该从需求出发调节供给，而不是根据生产和供给的结果反过来刺激需求。只有准确地把握了需求的动态，才能真正起到对市场的引导和调节作用，市场管理才会是有效的。具体来说，就是要利用市场经济"自下而上"的特点，准确把握市场需求动态，进而通过社会主义制度"集中力量办大事"的优势对供给体系作出适当的调整，实现市场供需结构均衡。

三　社会主义市场经济机制探索的理论总结

第一，社会主义经济制度是社会主义市场经济机制取得成功的基本前提，经济体制则是经济机制在实践中的推行和调节手段，具体表现为随时代的变迁不断调整改革经济体制以更加符合经济机制的需要。在机制体制合一时期，计划经济机制体制对新中国成立初期的经济恢复与建设起到了决定性作用，但捆绑式机制体制的强化严重背离了社会生产力进一步提升的需求，反而对经济发展形成束缚。在机制体制分离的频繁改革时期，历史性地打破了社会主义与市场经济的传统对立，对经济体制进行市场化改革以转变经济机制，顺应社会生产力发展的客观需求，从而推动中国经济的正常建设与健康发展。在体制稳定的中国特色社会主义市场管理时期，进一步以转型发展促进体制改革创新，意识到需求在市场中的决定性作用，采取供给侧结构性改革对市场进行科学管理，标志着中国经济机制在探索中不断趋向成熟。

第二，中国施行的社会主义市场经济机制由不断的实践探索而来，没有既定的模式方法，是基于对过去经济实践成功经验与错误教训的总结。我们发现，在社会主义国家也可以推行市场经济，因为市场调节是经济维持正常运行必不可少的一种手段，所以机制与体制是完全可以分离的，只有根据完善机制的要求来改革体制才能使经济机制始终迸发活力。社会主义基本经济制度是我们必须始终坚持的根本前提，其本质是为了解放生产力、发展经济，在这一目标的达成上与我们一直探索的经济运行机制是辩证统一的。现阶段，我们对市场的管理由需求转向供给，是基于经济实践提出的对中国经济运行机制的正确认识，基于社会主义基本经济制度与市场配置资源方式相结合所显示出的优越性。

第三，社会主义市场经济机制是对传统市场经济理论范式的重大突破，因为它最大限度地尊重了市场运行的客观规律，遵循市场需求的第一性原则，坚持"实事求是"，摒弃不适用于经济现实的传统理论，并通过不断的实践摸索出了恰当的市场管理模式，从而超越了传统理论的局限性，成为推动中国经济持续发展的根本动力。

（作者单位：首都经济贸易大学城市经济与公共管理学院）

中国开放型经济 70 年回顾与展望

刘洪愧

这次会议的主题是中国 70 年经济建设成就与经济学发展,所以我结合自己的专业讲一下中国开放型经济 70 年的主要历程。我把中国开放型经济 70 年分为三个阶段:一是开放型经济的上半段,从 1949 年到 1978 年;二是开放型经济的下半段,从改革开放一直到 2019 年;最后是第三个阶段,即今后的高质量发展阶段,包括新时代开放型经济重点在哪些方面,思路怎么转变。

首先是开放型经济的上半段,从 1949 年到 1978 年。很多学者都在思考怎么把上半段和下半段结合起来,这是一个很重要的理论问题。总体来看,如何把这两个阶段统一起来,可能理论界做得还不够。我没有多少研究,我讲一下这个阶段有哪些成就,它可能被忽视了。总体来看,这个阶段确实初步建立了独立自主的对外贸易体系,当时是采取公私合营,把全国的外贸企业全部统合起来,在全国范围内统购统销,有专门的对外贸易部门负责出口,主要是外经委,主要目的是赚取外汇,满足我国的进口和国际消费需求。具体来看,从进口角度来看,确实进口了大量的机器设备,当时主要是从苏联,引进了一些先进的生产技术。这些进口对我国的工业生产体系的建立和恢复起到了比较大的作用。从引进外资和对外投资方面来看,这个阶段的力度比较小。此外,这个阶段我国也有许多对外援助,它是开放型经济体系的一部分。这些援助究竟有什么作用?可能有很多方面,它确实很大程度上提高了我国的国际形象。总体来看,在这个阶段,由于当时的国际环境可能还不是那么好,开放型经济总体发展很慢。

其次是开放型经济的下半段,从1979年到2019年,是改革开放以来的40年。对于这个阶段,今天上午有些专家谈到了国际环境转变为和平发展,这是一方面。另外一方面是生产技术的进步,使得国际分工由原来的产业间转变到产业内、产品内,交通运输、通信技术有较大的进步,使全球价值链分工成为可能,为我们创造了很好的国际环境。我国积极参与全球价值链分工,确实取得非常大的成就,总体来说属于开放型经济增长的过程。这个阶段对外贸易和投资增速比较快,结构升级比较明显,成就有很多方面。

一是进出口方面,从1979年到2018年,我国进出口总额从1979年的290多亿增长到2018年的4.6万亿美元,40年增长一百多倍,2018年中国货物进出口占世界的比重达到12%左右,出口占比更多一点,占全球13%,进口占11%。从进出口总量的角度来看,我国确实已经成为贸易大国。从2009年开始,我们已经是全球第一大出口国和第二大进口国。除货物贸易外,服务贸易也有很大的发展,2018年进出口总额已经是五万多亿元。总体来看,我国在服务贸易方面还存在短板,因为我国服务贸易连续十多年都是逆差,而且逆差还比较大,这是我国以后要发展的重点。除了总量增长之外,另一个方面是贸易结构不断优化,也可以从出口、进口两个角度来看。从出口来看,从改革开放初期到现在,主要是从纺织、服装、橡胶等劳动密集型产品向机械设备、电子产品及其零部件等资本密集型和技术密集型产品转变。大家如果到珠三角去考察的话,就会发现在好几年前,服装行业已经由出口转内销了。进口方面,刚开始主要是进口一些成套设备,后来主要进口零部件,这也可以从全球价值链分工看出来。我国对能源、原材料需求比较大,但是从数据来看,能源和原材料的占比并不是很高,可能有些夸大了。另外,对外贸易的重要方面是促进经济发展,贸易与发展是很广的研究领域。我们通过对外贸易吸引大量的外汇储备,才有能力去进口一些生产技术设备,才能进口中间产品,才能引进专业技术人才,才有能力对外投资。很多人探讨近年来对外投资大幅增长，其实主要因素是因为我们有钱了。

二是引进外资。我们很早就想引进外资，邓小平同志1979年去美国访问，当年就出台了合资企业法，当时就想引进美国的一些技术外资。但是我国整个80年代引进外资非常少，直到1992年邓小平"南方谈话"之后，我们在吸收外资方面才增长比较快。外资对出口和经济发展都起了很大的作用，这方面研究比较多。从数据上来看，从1980年外资企业出口占我国的比重为0左右一直增长到2005年的58%，2005年是最高点。2006年之后，外资企业占出口比重就开始下降了，不过到现在也比较高。我国出口很多，但是很大部分是外资企业出口，他们赚的钱会回流到国外。我国自己的出口其实并没有那么多。

三是对外投资和"走出去"，这是我国最近几年的重点。最近几年对外投资已经超过引进外资了，2016年对外投资比较高，将近两千亿美元，但是有很大一部分可能是资金外逃。所以这个对外投资数据可能不能真正反映对外投资。总体来说，从数据来看，我国已经成为全球对外投资流量排名第二的国家。从存量来看，我国对外投资有两万亿美元，占世界前三位，但不是海外总资产存量，海外总资产存量排名还没那么高。"走出去"不仅仅是对外投资，还有其他形式，像在"一带一路"沿线国家建立各种园区、各种级别的经贸合作区。这是"走出去"很重要的形式，前一段时期开会研究"十四五"时期的"走出去"，各个部门都来了，包括林业局、农业部、草原局等，他们也要走出去。农业部可以在外国弄一块农场、建一个园区，这也是"走出去"的一种形式。"走出去"的形式很多，目前国家级的园区就有21个，省部级的更多了。我国在这方面有一定的优势，因为改革开放很大的经验就是搞各种各样的特殊经济区，在这个经济区搞经济发展，这种经验其实在国外也可以使用。然后是对外承包工程，主要是基础设施建设方面。在港口、公路、铁路方面，我们都有充足经验，可以利用这个优势。

总结来看，我们在改革开放40年里，在开放型经济方面有很大的成就。这个成就是什么以及其原因，需要系统地总结，开放型经济政策是比较重要的原因。一方面是各类经济发展试验区。我们一直是摸着石头过河，建立了从改革开放初期到现在的各种各样的经济试验区。1980年建立了四个经济特区，后来又有15个沿海开放城市，在沿海开放城市的基础上有很多的经济技术开发区，现在又有自贸试验区和自由贸易港。不管在哪个省市，把这些经济技术开发区的产值加起来，占这个省或市的绝大比重，对于中国经济发展研究，从这些经济开发区就可以大概理解。另一方面是关税和非关税贸易壁垒的不断降低，外资投资法和投资环境改善。关税和非关税贸易壁垒的改变主要是贸易方面，我们2001年加入了世界贸易组织（WTO），当时主要是为了不断降低关税。在加入WTO之前，我们的关税就非常低，综合关税占出口比重为7%—8%，加入WTO之后又有所降低，但是幅度不大。此外，还有各种税收优惠。然后在引进外资方面，我们在1979年就出台合资企业法，今年出台了外商投资法，我们在吸收外资方面力度还是很大的。

最后简单谈一下新时代开放型经济的目标，总体来看国际环境可以用百年未有之大变局来概括。不管是国际环境，还是国内环境都发生了较大变化，特别是中美贸易摩擦以来。前一段时间林毅夫教授跟美国的弗格森有一个辩论，弗格森的观点可能代表了美国精英阶层对中美关系的看法，他比较悲观。今后国际环境可能不太好，国内也面临各种资源环境约束，所以我们对外开放思路要转变，要由以前的大写意到今后的工笔画，由高速增长转向高质量发展。另外需要平衡发展，官方的说法就是在国内方面需要形成内外联动、东西双向互济的格局。为什么我们要倡导"一带一路"建设，也是想使得我们在贸易和对外投资方面，伙伴更加多一点，更加平衡一点。我们的自贸试验区和自贸港等比较多，有些人觉得它有用，有些人觉得它没有很大用处。我认为它是非常有用的，就看我们怎么把它做好。"一带一路"建设已经五年了，做得还不错。我们在沿线国家搞了一些经济园区，经营得好会有作用，应该考虑怎么把它搞好。在经济合作方面，究竟怎么做，是通过给人修路架桥还是自己租地搞园区，这个要好好思考。从更大角度看，"一带一路"肯定还有更多的战略任务，比如我们想积累更多的参与国际经济治理的经验，起码是地区经济治理经验。另外，我们想通过"一带一路"推进能源国际化。不管在国际支付还是其他国家的储备货币等方面，人民币在"一带一路"国家的使用不普遍，我们投入了那么多钱，可以考虑用人民币结算，先在企业实现，再在个人实现。

然后是自贸试验区和自贸港，有些人觉得自贸试验区和自贸港搞得不太好，几个自贸试验区我都去过。海南自贸港我去过两次，确实面临很多问题，进展确实比较慢，小的方面有很多创新，但是大的创新不太够。未来需要思考怎么更好利用自贸试验区或者自贸港推动服务贸易发展和金融开放，推动政府管理改革，等等。最后是进口博览会，这是习近平总书记提出来的，我们确实需要进口，有很多作用，要通过进口使得外贸更加平衡。但是从实际来看，进口更多的高端零部件、更多的消费品也是必要的。我们每年的境外消费非常多，怎么把这些境外消费拿到国内来，还是有很大作用的，起码可以获得一部分税收，也可以促进就业。生活必需品的进口对消费者的福利改善也有很多作用。但是进口也需要花费很多的外汇，我们现在的外汇说多也多，说少也少，其中1.8亿美元外汇是买美国债务，能够利用的并不多，只有几千亿美元，怎么处理进口与外汇储备之间的关系需要考虑。

（作者单位：中国社会科学院经济研究所）

"智能替代"对企业用工的影响

周灵灵

大家上午好，我叫周灵灵，来自国务院发展研究中心。我跟大家分享最近做的"智能替代"与企业用工研究。这是技术进步、企业用工方面的微观调查数据，从2017年开始我们在青岛连续做了三年定点调查。2019年的调查是上半年做的，新数据刚刚出来，借此机会跟大家分享一下主要发现。现在人工智能这个话题很火爆，但是目前的研究，特别是微观层面的研究很缺乏，没有数据支撑，还停留在定性或者概念性探讨上，至于人工智能对劳动力市场的冲击到底是什么，定量研究还不多。所以这个数据很宝贵。

理论上讲，智能替代人工在填补一些高空、高温、高辐射等高危艰苦作业的同时，也可能促使企业降低对低技能劳动力的需求，进而减少招聘、裁减员工，其影响是多方面的。智能替代主要应用于汽车、电子、机械加工等行业，对于高温、高辐射等危险工种，工业机器人可以较好地发挥作用。从应用场景看，目前的工业机器人主要用于焊接、装配、搬运。我们看富士康机械手臂，在粉刷、焊接等枯燥工艺上代替人工。还有碧桂园，它是房地产企业，现在也大规模搞建筑机器人，目前已经有几款机器人在使用。我们看工业革命史，可以发现在工业革命早期，机器和人的冲突是比较明显的，典型的如"卢德运动"。现在我们调研发现，已经不是以前的那种人机冲突的概念了，更多的是人机协同。机器人出现之后，可以把繁重危险的工作环节代替掉，工人只要控制好机器人就可以了。这会带来不一样的影响，这是我们调研的一个基本感觉。

现在我讲讲数据和实证。这个调查采用的是 PPS 抽样技术，抽取青岛 3000 户企业。青岛拥有 3.4 万家工业企业，是我国重要的工业基地，在 2017 年、2018 年和 2019 年的三轮调查中，制造业企业占了一半左右，这跟当地经济结构有一定关系。当然，这样也便于分析智能替代对企业用工的影响，毕竟智能替代人工主要发生在制造业。2019 年的样本企业有 3008 家，分布在国民经济 19 大行业，其中制造业企业 1461 家，批发和零售业 378 家，建筑业也有两百多家。在第一轮调查的时候，青岛采用智能替代的企业比例不到 6%，2019 年上升到了 9.9%，从替代的绝对规模看，2017 年智能替代 4100 多人，2019 年上升到 8900 多人，呈逐步扩展趋势。

我们的第一个分析，主要是探讨智能替代对企业人力资源流动的影响。有三个测度指标：员工新进率、离职率和净流动率。从全样本看，进行智能替代的企业，员工离职率要高一些，再把样本分为制造业和非制造业，可以看出制造业员工的离职率要高一些，这是一个简单的发现。制造业占智能替代总量的 80% 左右。智能替代人工之后，从边际效应看，对企业员工新进率和员工净流动率的影响并不显著，但对员工离职率有正向影响，在 10% 的显著性水平下显著。

第二个分析，智能替代对企业未来招聘的影响。问卷里有招聘计划，一个是计划招聘的人数、未来预计减员的人数，都用量表进行了处理。我们依据企业规模加权平均后，发现进行智能替代的企业预计减员率是 8.9%，比没有进行智能替代的企业要高一个百分点。我们将样本企业跟上一期的经营状况进行比较，看是持平、向好还是下滑，发现经营向好的企业，智能替代的积极性更强一些。

第三个分析，探讨智能替代对企业人员结构的影响。我们计算出不同岗位、不同学历层次的员工人数，以及相应的减员占比。控制变量加入经营状况、企业规模、岗位工资等。分岗位看，智能替代对专业技术人员的影响不显著，反而会促使企业更加重视专业技术人员的招聘，跟调研情况吻合，而且专业技术人员工作流动性也有所减弱。从学历层次看，发现除博士学历不显著外，智能替代对其他学历层次员工数量的减少，都有显著影响，智能替代会显著减少本科、硕士学历员工流动占比，但会提高专科学历、高中及以下学历人员流动的比重。

总之，智能替代更有可能发生在人力资本水平较低的制造业，进行过智能替代的企业，其员工净流动率要高于未进行过智能替代的企业，并且其未来招聘或减员的可能性更大，这在一定程度上说明智能替代人工会加速企业内部人力资本流动、有助于优化企业人力资本结构。进行智能替代后，替代人员的流向主要是培训转岗，或者是补充原招工不足。从紧缺工种看，进行过智能替代的企业对生产制造及有关人员以及专业技术人员都有很高的需求。此外，企业经营状况和用工情况也会影响智能替代决策，用工紧缺的企业采用智能替代的可能性更大。

（作者单位：国务院发展研究中心）